"三维四层"

跨学科复合应用型人才培养模式的探索与实践

郭　庆　海　莺　徐翠锋　方　成　著
周　静　黄　新　陆　文　李　华

西安电子科技大学出版社

内 容 简 介

本书围绕"地方工科院校跨学科复合应用型人才培养模式构建"这一中心,对高校跨学科复合应用型人才培养的新时代意义、"三维四层"跨学科复合应用型人才培养模式的构建、"三维四层"跨学科复合应用型人才培养模式的实践探索进行了探讨。本书在开展理论研究的同时,充分注重实践探索,对桂林电子科技大学电子工程与自动化学院以及生命与环境科学学院所开展的复合应用型人才培养实践工作进行了总结,展示了这两个学院在教材建设、团队建设、课程建设、实践教学等人才培养关键环节所进行的改革工作。

本书既可作为高等院校培养跨学科复合应用型人才的参考用书,也可作为社会各界人士了解跨学科复合应用型人才培养的学习资料。

图书在版编目(CIP)数据

"三维四层"跨学科复合应用型人才培养模式的探索与实践 / 郭庆等著. —西安:西安电子科技大学出版社,2021.5

ISBN 978–7–5606–6088–2

Ⅰ. ①三⋯　Ⅱ. ①郭⋯　Ⅲ. ①工科院校—人才培养—研究—桂林　Ⅳ. ①G649.2

中国版本图书馆 CIP 数据核字(2021)第 094348 号

策划编辑　陈　婷
责任编辑　孙雅菲　陈　婷
出版发行　西安电子科技大学出版社(西安市太白南路 2 号)
电　　话　(029)88202421　88201467　　　　邮　　编　710071
网　　址　www.xduph.com　　　　　　　　　电子邮箱　xdupfxb001@163.com
经　　销　新华书店
印刷单位　广东虎彩云印刷有限公司
版　　次　2021 年 5 月第 1 版　　2021 年 5 月第 1 次印刷
开　　本　787 毫米×960 毫米　1/16　印张 8
字　　数　157 千字
定　　价　23.00 元

ISBN 978–7–5606–6088–2 / G

XDUP 639000–1
***如有印装问题可调换

前　言

近年来，随着社会经济与科学技术的飞速发展，全面提高高等教育质量成为实施科教兴国战略的必然要求，也是高等教育自身发展的客观要求。2021 年 3 月 11 日，十三届全国人大四次会议表决通过了《中华人民共和国国民经济和社会发展第十四个五年规划和 2035 年远景目标纲要(草案)》，明确了要建设"高质量教育体系"的要求。3 月 31 日，国新办举行的"深入贯彻'十四五'规划 加快建设高质量教育体系发布会"提出"要以深化供给侧结构性改革为主线"，其中对高等教育的要求为"优化学科专业结构，深化人才培养模式改革，加快重点领域急需紧缺人才培养"。

高等教育的人才培养工作既要符合教育教学的规律，同时也要适应国家社会经济发展的需要。当前，社会经济发展和科学技术变革对高等教育提出了新的要求，我国高等教育发展的目标已经从数量扩张转向了内涵建设，为推进工科院校建设及工程人才培养工作，教育部接连打出了"组合拳"：2016 年正式加入《华盛顿协议》，2017 年提出"新工科"理念，2018 年发布卓越工程师教育培养计划 2.0，等等。目前，我国高等工程教育改革发展站在了新的历史起点。

地方工科院校在推进我国高等教育大众化以及促进国民经济发展过程中发挥了重要的作用。但是其在人才培养过程中也存在着诸如"狭窄于技术"以及"技术的狭窄"等"短板"。面对新时代对高等工程教育改革的要求，地方工科院校唯有以"创新、协调、绿色、开放、共享的新发展理念"为指导，重新构建人才培养体系，深化教育教学模式与方法改革，大力培养复合型、应用型人才，才能更好地服务于党和国家实现"两个一百年"奋斗目标。

为了适应国家社会发展对高等教育的要求，我们从跨学科复合应用型人才培养这一角度出发，立足于提高地方工科院校教育教学质量，以人才培养模式改革为研究重点，编写了本书。

本书的主题是"跨学科复合应用型人才"的培养，首先论述了跨学科复合应用型人才培养的新时代意义；其次对"三维四层"人才培养模式的内涵进行了论述，分析如何破解现有跨学科复合应用型人才培养工作的困境；最后就"三维四层"人才培养模式在实践中的运用进行了介绍。由于人才培养模式是一个框架或者范式，因此实践运用部分是结合桂林电子科技大学电子工程与自动化学院、生命与环境科学学院的工作实例进行编写的，以使其内容更为丰满。

　　本书的核心理念——"三维四层"人才培养新模式框架及内涵，是由电子工程与自动化学院郭庆教授根据多年的教学实践经验总结提炼而得的。本书第一章由周静老师完成；第二章由海莺老师完成；第三章的第一节和第三节的第二、三点由方成老师撰写，第二节和第三节的四、五点由徐翠锋老师撰写，第三节的第一点由黄新老师撰写，第四、五节由陆文老师撰写。生命与环境科学学院李华教授为第三章做了内容整理工作，提供了大量案例素材，并对相关内容进行了写作指导与审核。

作　者

2021 年 7 月

目　　录

第一章　高校跨学科复合应用型
人才培养的新时代意义

在社会经济快速发展、科技手段日新月异的新形势下，职业岗位需求日益呈现出高端化和复合化的趋势，各行各业急需具备多种学科专业知识和技能的跨学科复合应用型人才。在跨学科复合应用型人才培养过程中，跨学科、复合型和应用型三者是一个有机统一的整体，"跨学科"是人才培养的背景，"复合型"和"应用型"是人才培养的特色和目标，即同时具备两个或两个以上学科的基本知识和技能[①]。"复合"指的是打破学科专业之间的壁垒，学生实现知识复合、能力复合与思维复合；"应用"指的是学生能够将理论知识和成熟的技术应用到实际生产生活当中，解决实际问题。"复合"与"应用"二者相辅相成，相得益彰。树立"跨学科复合应用型"人才培养观念，是地方高等院校实现高质量发展的必然选择。

在高等教育中，学科本身并不直接承担本科人才培养的任务，而是通过"专业"来实现的，即学科是专业发展的基础，专业是学科的人才培养基地。因此，本章从"专业"的发展演变这一视角出发，分析了高等教育专业设置的"社会驱动性"问题，以及在社会需求驱动下跨学科复合应用型人才培养的应然性与必然性，在此基础上探讨了跨学科复合应用型人才的内涵及特征，并对跨学科复合应用型人才培养模式要素之间的关系进行了进一步的探讨。

第一节　跨学科复合应用型人才培养的现状与必然

在高等教育体系中，与"学科"紧密相关的是"专业"。学科与专业并存是高等学校特有的一种现象，二者之间相互依存、相互发展。高等学校人才培养的质量同时取决于该学

[①] 刘群. 关注"跨学科复合应用型"人才培养[EB/OL].[2016-07-15]. http://www.cssn.cn/kxk/dt/201607/t20160715_3122357.shtml.

校的学科建设与专业发展水平[①]。一般认为,学科和专业都属于知识体系构建的结果,学科可细化为专业。随着科学研究越来越深,学科划分也越来越细,专业分类也越来越细。但是专业又不完全受到知识体系的影响,社会需求和教育理念也都在影响专业的划分与发展,如早期我国提倡"螺丝钉"精神,强调人才培养要有专门性,导致专业越设越窄,实行市场经济后又逐步拓宽了专业培养口径[②]。因此,以"跨学科"为背景探讨人才的"复合性",实际上是以"专业"为基础进行探讨:一是拓宽某个专业的学科背景,使专业在多学科的支持下开展人才培养工作,实现"厚基础,宽口径";二是拆除专业之间的壁垒,不同学科下的专业联合开展培养人才工作。

拓宽专业培养口径,拆除专业之间的壁垒,培养出具备跨学科知识和技能的复合应用型人才是当前社会经济对高等教育人才培养提出的需求,也是高校急需解决的现实问题。基于此,研究高校"专业"的内涵、发展演变和专业设置的演变过程对于跨学科复合应用型人才培养目标的实现具有重要的理论意义。

一、高校专业的内涵、发展及进步意义

"专业"一词既是一个社会学概念,也是一个教育学概念。从社会学角度而言,作为一个科学术语,"专业"一般被看成一个富有历史、文化含义而又不断变化的概念,主要指某些知识含量极高的特定职业。国外有学者指出,专业是一个正式职业,为了从事这一职业,必须进行以智能为特质的岗前训练,掌握相应的知识和高深学问,它们不同于纯粹的技能[③]。由此看来,虽然专业是一种职业,但并不等同于职业,它以学科发展为背景,是拥有高深复杂知识体系的一种社会性职业。从历史上看,一种职业正是通过专业化运动,不断探索和发展专业知识体系,才逐渐由职业发展成专业并不断走向成熟[④]。就教育学角度而言,中华人民共和国成立前,我国高校里并无"专业"一词,直至1952年在高等教育领域开始学习苏联经验,"专业"一词才被引入并赋予一定的含义。本书所研究的专业的内涵主要是从高等教育角度进行的研究。

专业作为高等教育理论体系的一个基本概念,其内涵经过几十年的发展和演变,不同学者有不同的解释,综合国内观点,学术界对专业的定义大致分为以下几种:

(1) 专业是一种专门职业。该专业的概念是由教育部于1952年在《关于全国农学院院

---

① 李进才. 高等教育教学评估词语释义[M]. 武汉: 武汉大学出版社, 2016:136.

② 马陆亭. 学科、专业的同与不同[N]. 光明日报, 2017-07-29(07).

③ FREDISON E.Professional Power: The Study of Institutionalization of Formal Knowledge[M]. Chieago: University of Chieago Press, 1986.

④ 崔国富. 从社会学视角看专业知识的构成及其教育意蕴[J]. 现代教育科学, 2003(09): 17-19.

长会议的报告》中首次提出的，认为专业是根据国家所需要的某项专门人才的标准来培养专家的基础组织[①]。同年，教育部副部长曾昭抡将专业解读为一个专门职业或一种专长[②]。

(2) 专业是高校学业划分的依据。顾明远《教育大辞典》中"专业"译自俄文，指"中国、苏联等国家高等教育培养学生的各个专门领域，大体相当于《国际教育标准分类》的课程计划或美国高等学校的主修[③]。"这个定义说明了专业划分的依据，兼顾了中国、苏联与美国的特点，但表述不太明确。《辞海》第六版将专业定义为高等学校或中等专业学校根据社会分工需要而划分的学业门类[④]。这种解释强调了社会分工在专业划分过程中的重要性，却忽视了专业与学科的关系。《现代汉语词典》第七版中将专业定义为"高等学校的一个系里或中等专业学校里，根据科学分工或生产部门的分工把学业分成的门类"[⑤]。在这里，"专业"指学业门类，其划分依据为科学分工和生产分工。以上三部工具书都将专业定义为学业类别，只是类别的标准略有差异。

(3) 专业是一种组织形式。学者们对于将专业作为一种组织形式的解读有两种。第一，专业是高校进行人才培养的组织形式。教育部认为，专业是根据国家所需要的某项专门人才标准来培养专家的基础教学组织，每个专业都有其适合培养专门人才的教学计划，计划中排列培养专门人才必须开设的课程[⑥]。第二，专业是课程或知识的一种组织形式。1995年潘懋元等人提出专业是课程的一种组织形式[⑦]。樊平军认为，专业是大学为了达到特定的培养目标而系统组织起来的某些类型的知识组合，即在高等教育活动中，专业作为教书育人的介质实现知识传授[⑧]。

(4) 专业在不同层面有不同的理解。苏州大学教育科学研究院院长周川在其《"专业"散论》一文中把"专业"依次从广义、狭义和特指三个层面进行了深入分析。从广义的角度看，专业即某种职业，不同于其他职业的一些特定的劳动特点，它是伴随着社会分工的出现而产生的。社会分工产生了不同的职业，不同职业的产生就意味着专业的出现。因此，任何一种职业都指一种专业。从狭义的角度看，专业主要是指某些特定的社会职业。这些职业从事的是比较高级、复杂、专门化程度较高的脑力劳动，因而必须经过专门教育和训

---

① 何东昌. 中华人民共和国重要教育文献[M]. 海口: 海南出版社, 1998: 178-179.

② 曾昭抡. 高等学校的"专业"设置问题[J]. 人民教育, 1952(9).

③ 顾明远. 教育大辞典: 第3卷[K]. 上海: 上海教育出版社, 1991: 26.

④ 夏征农, 陈至立. 辞海[K]. 6版. 上海: 上海辞书出版社, 2009: 3036.

⑤ 中国社会科学院语言研究所词典编辑室. 现代汉语词典 [K]. 7版. 北京: 商务印书馆, 2016: 1719.

⑥ 同①。

⑦ 潘懋元, 王伟廉. 高等教育学[M]. 福州: 福建教育出版社, 1995: 128.

⑧ 樊平军. 知识视野中的中国大学专业设置研究[M]. 北京: 北京师范大学出版社, 2011: 47.

练去获得。一般人所理解的专业大多就是指这类特定职业。从特指的角度看，专业是指高等教育学意义上的专业——高校中的专业，它是依据确定的培养目标设置于高等学校及其相应的教育机构的基本教育的单位或教育的基本组织形式①。

本书中研究的专业是指高等教育学意义上的专业，即特指的专业，是指在高校教育教学中，依据现实社会发展对人才的需求和高校人才培养的目标，根据学科知识体系的内在逻辑和社会职业的分工，由培养目标、课程体系和相关教学活动的所有参与者共同构成的基本教育单位。

二、国外高等教育学科专业的发展

国外高等教育经历了古代高等教育、近代高等教育和现代高等教育三个发展阶段，高等教育在每个阶段的发展都与其所处的社会环境相适应，都是对不同时期社会、政治、经济、文化发展的集中反映并反作用于社会、政治、经济、文化的发展，具有时代性、针对性、继承性、实践性、多样性和预见性等特征。

(一) 古代高等教育

古代高等教育的发展包含了古代东方国家的高等教育、古希腊和古罗马的高等教育、拜占庭和阿拉伯的高等教育、欧洲中世纪大学。

古代东方国家的高等教育包括古巴比伦、古埃及、古印度和古希伯来的高等教育。在古埃及新王国时期，出现了研究高深学术和培养高深专业人才的寺庙，这些寺庙致力于天文学、数学、建筑学、医学等科学的研究和传授。古印度最早的教育由婆罗门教士所承担，公元前 600 年，印度出现了大学，学校开设宗教、哲学、逻辑、天文、数学、医学等多种学科。

古希腊和古罗马是西方文明的发源地，是欧洲最早开展高等教育的地方，柏拉图学园被认为是西方乃至世界最早且既有社会性又有人文性的高等教育机构。古罗马开办的专门学校用于直接培养通识人才和社会所需的专门人才，有哲学学校、律师学校、医学学校以及数学学校等。这些都是以培养"专门人才"为目的所开设的专门学校，其划分基于单一的学科背景，也是基于学科背景开展"专业教育"的雏形。

中世纪大学最早出现在 12 世纪的巴黎和博洛尼亚，是相对独立的机构，拥有较大的自主权。起初设立的大学均为单科大学，如巴黎大学为神学科，博洛尼亚大学为法学科，以上学科的学习均以"七艺"为基础，"七艺"为文科。后来，一般大学开始分设文、法、医、神四个系科或四个学院，其中法、医、神被认为是"高级学院"，文科是以上三科的准备阶

---

① 周川. "专业"散论[J]. 高等教育研究, 1992(1):79.

段，修完文科，才能进行其他三科的学习①。中世纪大学按学科组织教学，是大学学科制度形成和发展的重要场所，中世纪大学的学术活动促成了学科制度的萌发②。以学科为基础划分专业来培养人才的高等教育制度沿袭至今。

(二) 近代高等教育

文艺复兴时期是欧洲新兴资产阶级在思想领域(哲学、宗教、文学、自然科学等)开展的一场反封建的文化革命运动，其目的是摆脱中世纪神学的束缚，建立资产阶级文化。宗教改革是欧洲资产阶级与封建地主阶级的第一次对战，其实质是以一种符合资产阶级的宗法替代封建地主阶级的宗法①。在这一时期，自然科学、人文科学、史学等新的学科被纳入大学课程。

17 至 18 世纪，世界各国纷纷开始了对高等教育的探索。如 18 世纪，法国社会经济和科学技术的发展使得旧的大学跟不上时代前进的步伐，一批高等专科学校应运而生。大革命时期，法国取缔了传统大学。创建了一批重要的高等学府和研究机构，这一时期高等教育的改革无论是组织形式还是课程设置上，都突破了传统的束缚和局限，确立了法国近代高等教育的基本模式③。17 至 18 世纪德国的哈勒大学、哥廷根大学获得政府资助，学术自由之风盛行，学校引入现代科学和哲学，注重研究和教授价值，形成了诸多现代大学的特点。18 世纪后期，在启蒙运动和功利主义思潮的影响下，德国天主教普遍开展了大学改革运动，主张废除传统大学模式，像法国那样建设新专业学校，为后期 19 世纪德国大学的改革奠定了基础。

19 世纪中期，近代西方国家教育制度开始确立，教育理论体系开始形成，古典教育理论开始让位于科学教育，西方教育理论和教育实践越来越趋于现代化。英国伦敦大学改变了传统高等教育的概念，开创了英国高等教育新纪元，它将神学排除在课程之外，针对社会经济发展需求设置课程，主张理论与实践相结合，传授现代学术和自然科学，课程设置比较广泛，其课程包含医学、语言、数学、物理学、心理学、道德、法律和政治经济学等③。

(三) 现代高等教育

20 世纪上半叶，受两次世界大战的影响，英国政府开始认识到发展高等科技教育的必要性，与此同时大学开始与工业界建立联系，致力于为工商业培养人才，高校在办学方向上考虑工业需求，在工科方面，大学设置的专业更多与航空工艺、建筑、冶金、造船、纺织、城市规划等有关。美国学者弗莱克斯纳的"现代大学观"认为，大学的职能是发展科

---

① 贺国庆，王保星，朱文富，等. 外国高等教育史[M]. 北京: 人民教育出版社，2003: 57.

② 庞青山. 大学学科结构与学科制度研究[D]. 上海: 华东师范大学，2004: 117.

③ 同①，第 127 页。

学和培养人才，大学的精髓是学术自由，其思想推动了美国高等教育的发展。

第二次世界大战结束后，特别是 20 世纪 50 年代后期，随着西方国家社会经济的发展和科技革命的出现，不同国家对高校教育做出了相应调整和改变。美国社区学院得以大量发展，职能方面不断丰富，直至 20 世纪 70 年代，美国社区学院发展成为集转学教育、职业技术教育、继续教育、社区服务等为一体的多功能教育机构。

20 世纪末 21 世纪初，随着社会经济的快速发展与新一轮科技革命和产业革命的加速演进，单一学科无法解决现实社会所产生的复杂问题，新的学科分支不断涌现，学科之间的交叉、融合趋势明显，社会经济对于复合型和应用型人才的需求日益强烈，培养适应社会发展需求的跨学科人才成为高校必须解决的重要问题。在这一问题上，美国研究型大学跨学科专业人才培养实践走在世界前列。跨学科专业是美国研究型大学为应对交叉学科或领域的兴起、学生对跨学科学习的兴趣、现实问题的复杂性与挑战性、社会对跨学科人才的需求等现实情况而设置的新型专业类型[①]。例如，美国麻省理工学院全球研究及其语言学专业为学生提供了丰富的国际语言、文化、媒体和历史课程，致力于培养学生成为能够在日益全球化和多元化的世界中生活和工作的全球公民。宾夕法尼亚大学的哲学、政治与经济的跨学科专业，为学生从事公共政策与公共服务、咨询、新闻、法律和国际事务等职业做准备。与此同时，美国研究型大学基于课程、专业和学位等要素，探索出跨学科人才培养的两种模式，即独立方式和组合方式。独立方式是指要素本身就是跨学科的，即跨学科课程、跨学科专业和跨学科学位，如麻省理工学院基于课程的"跨学科研究与学习"、宾夕法尼亚大学的"跨学科本科生辅修专业"、密歇根大学的"双学位"。组合方式是指各学科的知识相对独立且缺乏相互作用和相互整合，包含课程的跨学科组合、专业的跨学科组合和学位的跨学科组合。课程的跨学科组合是指学生修读的课程中同时包含两个学科的课程；专业的跨学科组合是指通过两个专业的组合实现跨学科学习的目标；学位的跨学科组合包括双学位、联合学位和第二学位等类型[②]。

三、我国高校学科专业的形成与发展

(一) 我国高校学科专业的产生

人类社会的发展促使了教育社会现象的产生。在我国教育的历史长河中，基于不同历史时期的社会形态，教育经历了不同的发展阶段。西周时期是奴隶制社会教育的鼎盛时期，奴隶主阶级为了巩固自身政权，"学在官府"现象明显，为了把贵族子弟培养成具有道德精

---

① 张晓报. 美国研究型大学跨学科专业教育的实践及启示[J]. 高校教育管理, 2019, 13(05): 92-103.

② 张晓报. 独立与组合: 美国研究型大学跨学科人才培养的基本模式[J]. 外国教育研究, 2017, 44(03): 3-15.

神和强健体魄的未来统治者，对他们进行礼、乐、射、御、书、数等"六艺"的专门训练。这可以算是我国最早的学科划分雏形。

我国东汉时期出现了专门学习文学艺术的洪都门学。它不仅是中国最早的专科大学，同时也是世界上最早的文艺专科大学，为后来特别是唐代设立各种专科学校开辟了道路。至魏晋南北朝时期，王朝更迭频繁，割据政权林立，学校教育事业时兴时废，但也得到了一定的发展。这一时期专科教育得到了完善，设立了包含律学、书学、算学、文学、医学等实用学科的学校，如南朝时期的四学馆(包括儒学馆、玄学馆、文学馆、史学馆)，丰富了封建教育制度的内容，拓展了教育职能，使教育逐渐适应社会的发展①。隋唐时期，经济的繁荣为教育的发展奠定了基础，也对教育提出了新要求，促进了新学校的产生。这一时期，以儒家经典教育为内容的经学和以专科知识为教育内容的专科性学校并存，如在唐代的国子监就有国子学、太学、四门学、律学、书学、算学等不同的学校。

至 1902 年清政府颁布了《钦定学堂章程》，我国才算是出现了真正意义上的学术分科体系。《钦定学堂章程》是中国近代以来第一个以中央政府名义制定的全国性学制系统，具体规定了各级各类学堂的性质、培养目标、入学条件、在学年限、课程设置等。学制主系列划分为三段七级，第一阶段为初等教育，第二阶段为中等教育，第三阶段为高等教育。其中，高等教育又分为三级：第一级，高等学堂或大学预科 3 年(设政、艺两科)；第二级，大学堂 3 年(设政治、文学、格致、农业、工艺、商务、艺术共 7 科，各科下又分多个专业)；第三级，大学堂上设的大学院，以研究为主，不设课程②。1904 年颁布的《奏定学堂章程》在之前的基础上将大学堂的学科修订为经学科、政法科、文学科、商科、格致科(即理科)、工科、农科、医科等 8 科，开创了我国高等教育史上学术分科体系设置的先河。

(二) 我国高校学科专业的发展

1952 年，我国才引入"专业"一词，自此以后，中央和地方政府、社会各界学者对于专业的发展演变进行了长期的探索和研究，综合他们的研究成果，我国高校专业共经历了五条主线的发展演变，即专业目录的制定与修订、专业结构的调整、专业设置、专业底线和专业荣誉。这五条主线的具体演变经过如下：

(1) 专业目录的制定与修订。我国的专业目录主要用于教育统计、招生、培养和学位授予③。自 1954 年《高等学校专业目录分类设置(草案)》问世后，先后进行了 7 次本科专业目录修订，这些目录分别发布于 1954 年、1963 年、1986—1988 年(分六个目录分别发布)、

---

① 孙培青. 中国教育史[M]. 修订版. 上海: 华东师范大学出版社, 2000: 344.

② 同①.

③ 张晓报. 跨学科专业发展的机制障碍与突破: 中美比较视角[J]. 高校教育管理, 2020, 14(02): 64.

1993 年、1998 年、2012 年和 2020 年，其修订经历了行业部门、行业部门+学科、学科三种分类框架(具体修订情况见表 1-1)。

表 1-1　中华人民共和国成立以来我国本科专业目录修订情况

序号	专业目录名称	公布年份	一级分类数	一级分类	专业类数	专业数	分类框架
1	高等学校专业分类设置(草案)	1954	11	工科、文科、理科、师范、财经、农科、艺术、医药、林科、政法、体育	40	257	行业部门
2	高等学校通用专业目录、高等学校绝密和机密专业目录	1963	11	工科、农科、林科、师范、医药、理科、文科、财经、政法、体育、艺术	29	510(含 59 种试办专业、12 种绝密专业、66 种机密专业)	行业部门+学科
3	高等学校工科本科专业目录，农科、林科本科专业目录，医药本科专业目录，理科本科基本专业目录，社会科学本科专业目录，师范教学本科专业目录，体育本科专业目录	1986—1988	11	工科、农科、林科、医药、理科、文科、政法、财经、艺术、师范、体育	77	702	行业部门+学科
4	普通高等学校本科专业目录(1993 年)	1993	10	哲学、经济学、法学、教育学、文学、历史学、理学、工学、农学、医学	71	504	学科
5	普通高等学校本科专业目录(1998 年)	1998	11	哲学、经济学、法学、教育学、文学、历史学、理学、工学、农学、医学、管理学	73	635(目录内 249 种、目录外 386 种)	学科
6	普通高等学校本科专业目录(2012 年)	2012	12	哲学、经济学、法学、教育学、文学、历史学、理学、工学、农学、医学、管理学、艺术学	92	506(352 种基本专业、154 种特设专业)	学科
7	普通高等学校本科专业目录(2020 年)	2020	12	哲学、经济学、法学、教育学、文学、历史学、理学、工学、农学、医学、管理学、艺术学	93	703	学科

　　(2) 专业结构的调整。我国专业结构的调整表现为从以工科为主到人文社科比例不断增加。这种专业结构调整的转变主要是基于我国国情的不断转变。中华人民共和国成立初期，为巩固国防，恢复和发展经济，加之苏联对中国的援建，我国选择与苏联类似的发展模式，走工业化发展道路，因此在专业结构上工科占比较大。随着我国改革开放后经济的不断发展和国家建设对人才需求的转变，专业结构中增加了管理学和艺术学等门类，也逐渐提高了法学、文学、医学等学科的比例(具体专业目录科类比例详见表 1-2(a)(b))。2021 年 3 月 1 日，教育部公布的《2020 年度普通高等学校本科专业备案和审批结果》中有 37 个新专业列入《普通高等学校本科专业目录》，人工智能、智能制造工程、数据科学与大数据技术、大数据管理与应用、机器人工程等专业是此次新增专业中的大热门，新增专业数量排名前五，这些新增专业表现出一些共性特征，如为适应国家和区域经济社会发展的需要，跨学科专业越来越明显，高校专业结构优化、调整、转型、升级的速度和力度明显加快，不同类别专业之间深度交叉融合的特征越发凸显等[1]。

表 1-2　中华人民共和国成立以来我国本科专业目录科类结构

(a)

行业与学科门类	1954 版		1963 版		1986—1988 版	
	专业数	比例	专业数	比例	专业数	比例
工科	142	55.25%	207	47.91%	255	36.32%
文科	25	9.73%	53	12.27%	100	14.25%
理科	21	8.17%	42	9.72%	70	9.97%
医药	5	1.95%	10	2.31%	57	8.12%
农科	13	5.06%	33	7.64%	55	7.83%
林科	3	1.17%	14	3.24%	20	2.85%
政法	2	0.78%	2	0.46%	16	2.28%
财经	16	6.23%	10	2.31%	48	6.84%
师范	16	6.23%	17	3.94%	22	3.13%
体育	1	0.39%	8	1.85%	9	1.28%
艺术	13	5.06%	36	8.33%	50	7.12%
总数	257	100%	432	100%	702	100%

---

[1] 3 月 1 日，教育部公布了 2020 年度普通高等学校本科专业备案和审批结果。其中，各高校新增专业 2223 个，撤销专业 518 个：本科专业为何这样调整[EB/OL]. [2021-03-05]. http://www.moe.gov.cn/jyb_xwfb/s5147/202103/t20210305_517675.html.

(b)

学科门类	1993 年版		1998 年版		2012 年版		2020 年版	
	专业数	比例	专业数	比例	专业数	比例	专业数	比例
工学	181	35.91%	70	28.11%	169	33.40%	232	33.00%
文学	106	21.03%	66	26.51%	76	15.02%	123	17.50%
理学	55	10.91%	30	12.05%	36	7.11%	42	5.97%
医学	37	7.34%	16	6.43%	44	8.70%	58	8.25%
农学	40	7.94%	16	6.43%	27	5.34%	38	5.41%
哲学	9	1.79%	3	1.20%	4	0.79%	4	0.57%
法学	19	3.77%	12	4.82%	32	6.32%	44	6.26%
经济学	31	6.15%	4	1.61%	17	3.36%	23	3.27%
教育学	13	2.58%	9	3.61%	16	3.16%	25	3.56%
历史学	13	2.58%	5	2.01%	6	1.19%	7	1.00%
艺术学	—	—	—	—	33	6.52%	48	6.83%
管理学			18	7.23%	46	9.09%	59	8.39%
总数	504	100%	249	100%	506	100%	703	100%

　　注: 此表是基于华南师范大学教育科学学院博士研究生林冬华 2020 年发表的《新中国成立 70 年来本科专业的演变轨迹与实践逻辑》一文中"新中国成立 70 年来我国本科专业目录科类结构"表格数据的基础上进行的补充和完善。

　　(3) 专业设置。我国高校的专业设置在近 70 年来表现为从中央高度集权逐渐到地方高校有限自主办学。建国初期,我国高校的专业设置完全采取中央高度集权模式。中央政府对全国范围内的高等学校实施接管并进行社会主义改造,整体布局各高校院系专业。1956—1962 年,大部分高校专业设置的权力被下放给地方政府,这一时期,各高校在条件不具备的情况下大量增设新专业,使得全国范围内专业种类和专业点急剧膨胀。为纠正这一错误,1963 年,在专业设置上重新实施中央政府统一管理。1978 年,教育部发布的《关于做好高等学校专业设置和改造工作的意见》中重申专业设置由教育部统一领导,成立高校学科专业设置与调整办公室。1989 年,我国第一部《普通高等学校本科专业设置暂行规定》发布,之后于 1993 年、1998 年、2012 年、2020 年相继颁布新的本科专业设置规定。布点专业和目录外专业由教育部审批这一做法一直保留,目录内专业"由主管部门审批、国家教委备案"改为"高校自主设置、教育部备案",高校专业设置逐步走向有限自主①。

(4) 专业底线。专业底线经历了从"红""黄"牌办学条件标准到专业标准,我国专业管理逐渐从宏观管理转变为微观管理。1996 年,国家教委公布《核定普通高等学校招生规模办学条件标准》和对应的《"红""黄"牌高等学校办学条件标准》,并每年发布"红""黄"牌高校名单。"黄"牌为限制招生,"红"牌为暂停招生。2004 年,该标准修订为《普通高等学校基本办学条件指标(试行)》。2013 年,教育部启动了专业类国家标准研制并于 2018 年发布。专业类国家标准成为设置本科专业、指导专业建设、评价专业教学质量的基本依据②。

(5) 专业荣誉。"十一五"期间,2007 年《教育部财政部关于实施高等学校本科教学质量与教学改革工程的意见》(教高[2007]1 号)明确"特色专业"是六大类建设内容之一。2011 年,《教育部财政部关于"十二五"期间实施"高等学校本科教学质量与教学改革工程"的意见》(教高[2011]6 号),为引导高校主动适应国家战略和地方经济社会发展需求,优化专业结构,加强专业内涵建设,创新人才培养模式,大力提升人才培养水平,启动实施"专业综合改革试点"项目③。2014 年,教育部转变本科教学工程评审立项方式,专业综合改革试点项目由高校自主安排。2019 年,教育部启动一流专业"双万计划",计划在三年内建设一万个左右的国家以及省级一流本科专业点。

综合我国本科专业 70 年发展演变来看,无论是专业目录和专业结构的调整、专业底线的设置和专业荣誉的定位,都是中央政府基于我国经济社会发展的具体国情和不同时期优化高等教育学科专业发展的真实体现,它对于培养符合社会发展需求的创新型、应用型、复合型人才,提升高校办学质量,实现高等教育现代化有着重要的推动作用。

四、我国高校专业设置的发展演变

专业设置的概念是我国于 20 世纪 50 年代从苏联引进的,当时的专业设置基本上是参照苏联的高等教育办学模式进行的。我国最早提及"专业设置"的官方文件是《教育部关于全国农学院院长会议的报告》(1952 年)。该报告称,"根据各业务部门的具体需要并参照苏联的经验,在会议上着重讨论了专业的设置问题。所谓专业,是根据国家需要的某项专门人才的标准以培养专家的基础教学组织,每个专业都有其适合培养该项专门人才的教学计划,计划

① 林冬华. 新中国成立 70 年来本科专业的演变轨迹与实践逻辑[J]. 黑龙江高教研究, 2020, 38(09): 9-13.

② 教育部高等学校教学指导委员会. 普通高等学校本科专业类教学质量国家标准: 上[M]. 北京: 高等教育出版社, 2018: 前言.

③ 教育部 财政部关于"十二五"期间实施"高等学校本科教学质量与教学改革工程"的意见[EB/OL]. [2011-07-01]. http://www.moe.gov.cn/srcsite/A08/s7056/201107/t20110701_125202.html.

中排列该项专门人才所必须开的课程。几个相近的专业可以成立一个系①。"自此以后,中央和地方开始对我国专业设置的发展和演变进行了长期研究和实践。因此,本书作者重点整理和研究的是中华人民共和国成立以后我国高校专业设置的发展现状和对我国国民生产的贡献。

中华人民共和国成立后,我国高校专业设置大致经历了以下六个发展阶段,即中华人民共和国成立初期的院系调整和专业设置阶段、教育大革命与全面调整阶段、专业设置的动乱阶段、专业设置恢复与调整阶段、专业设置调整和改正阶段、专业设置不断发展和完善等六个发展阶段。

(一) 院系调整和专业阶段(1949—1957 年)

中华人民共和国成立后(建国初期),政治、经济、文化和教育事业处于百废待兴的状态,如何发展高等教育、如何设置和调整专业去适应国家建设的需求根本没有经验可循,仅有作为社会主义国家的苏联的模式和经验可供借鉴。于是,我国依照苏联的办学模式和办学体制确立了"全面学苏"的路径选择,并于 1952 年下半年开始对全国范围内的高校进行大规模院系调整,调整方针为"以培养工业建设干部和师资为重点,发展专门学院和专科学校,整顿和加强综合性大学②。"截至 1953 年初,全国高校共设置专业 215 种,其中工科 107 种③。在第一次院系调整基础上,1954 年 7 月,高教部开始制定专业目录,11 月《高等学校专业目录分类设置(草案)》问世,该专业目录是参考苏联大学的专业目录制定的,具有以下三个特点:第一,把国家建设需要作为高校专业目录制定的根本依据;第二,大学设置的专业是按照国家建设部门加以分类的,如工业部门、建筑部门、运输部门、农业部门;第三,257 种专业主要是以产品和职业为依据设置的,只有少数专业以学科分类为依据,如社会科学、自然科学等专业④。1955 年 7 月,高教部进行了第二次院系调整,制定了《1955—1957 年高等工业学校院系、专业调整、新建学校及迁校方案(草案)》,这次专业结构的调整使得重工轻文、重重工业、轻轻工业的格局基本形成并与国家的计划经济高度契合。

这一时期的院系调整和专业设置建立了与计划经济相适应的专业体系,具有典型的中央集权的特征,高校人才的培养以"专才教育"为主,在一定程度上实现了高等教育资源的优化配置,是计划经济时期的必然选择,也为我国各行各业培养了一批优秀人才。但同时也存在一定的局限,政府对专业调整的高度集权和高度计划,缺乏对各类高校不同专业发展特殊性的考虑,"一刀切"的做法导致人才结构单一,也使各高校丧失了自主办学的积极性和主动性。

---

① 何东昌. 中华人民共和国重要教育文献. 海口: 海南出版社, 1998: 178-179.

② 同①,第 213 页。

③ 中国教育年鉴编辑部. 中国教育年鉴: 1949—1981[M]. 北京: 中国大百科全书出版社, 1984: 239, 240.

④ 纪宝成. 中国大学学科专业设置研究[M]. 北京: 中国人民大学出版社, 2006: 158, 160, 31, 32.

(二) "教育大革命"与全面调整阶段(1958—1965 年)

1958 年 9 月 19 日,中共中央、国务院发出《关于教育工作的指标》,对高等教育提出脱离现实的高指标:争取在 15 年左右的时间内,基本上做到使全国的青年和成年,凡是有条件和自愿的,都可以受到高等教育[①]。中央权力的下放使得全国范围内各高校在基本条件无法满足的情况下迅速建立各自封闭的专业体系,短暂的"大跃进"式的专业扩张造成专业种类和专业点的急剧膨胀,高等教育呈现出无序增长的混乱局面,仅 4 年,高校专业总和达到 672 种,专业点达到 3703 个。

为纠正"教育大革命"后出现的专业无序扩张和地区高等教育分割、封闭的现象,中央政府决定重新收回专业设置和调整的权利,实行"中央统一领导,中央和地方两级管理"体制。1961 年《高教六十条》在专业设置问题上明确提出,"高等学校的专业设置,应根据国家的需要、科学的发展和学校的可能条件来决定。专业设置不宜过多,划分不宜过窄。每个学校应该努力办好若干重点专业。专业的设置、变更和取消,必须经过教育部批准[②]。"1963 年经国务院批准,正式发布了《高等学校通用专业目录》,这是中华人民共和国成立后第一个正式由国家统一制定的高校专业目录,共设专业 432 种,其中工科 164 种。这个目录的发布,不仅纠正了全国范围内高校专业划分过细、人才培养口径过窄的不合理现象,也增加了若干国家建设急需的新专业,并从学籍管理、课程设置、教材编选、学制上进行改革,实施中央政府统一管理。

1958 至 1965 年期间,高等教育专业设置经历了由地方分权向中央集权转变的过程。尤其是《高等学校通用专业目录》的发布,标志着我国专业设置与调整由原来对苏联模式的照搬照抄逐渐向自主探索的道路转变,为我国高校专业设置制度的变迁提供了最初的探索路径[③]。

(三) 专业设置的混乱阶段(1966—1977 年)

1966 至 1977 年期间,高等教育实行"中央统一计划、块块为主"的管理体制,高等教育的管理权和领导权再次下放到地方。在这种管理体制下,以集权为基础的大学制度和专业体系逐渐走向崩溃,专业设置处于无序状态,专业目录混乱,很多专业大批停办,改理科为工科,大多数人文社科专业停招。这一阶段模糊了学术问题和政治问题的界限,专业设置完全处于政治权威之下,专业设置政策断裂也违背了教育发展规律,中国高等教育

---

① 刘光. 新中国高等教育大事记: 1949—1987[M]. 长春: 东北师范大学出版社, 1990: 140.

② 纪宝成. 中国大学学科专业设置研究. 北京: 中国人民大学出版社, 2006: 158, 160, 31, 32.

③ 周光礼, 吴越. 我国高校专业设置政策六十年回顾与反思: 基于历史制度主义的分析[J]. 高等工程教育研究, 2009(05): 62-75.

事业在这一期间陷入混乱近乎瘫痪,国民经济发展也停滞不前。

(四) 专业设置的恢复与调整阶段(1978—1987 年)

从 1978 年开始,中共中央决定恢复高等教育管理的集权模式,重新实施中央统一领导,中央与地方两级管理制度。1978 年,教育部发布了《关于做好高等学校专业设置和改造工作的意见》,强调专业设置的集中领导,并正式成立了专门的高等学校学科专业设置与调整办公室[①]。经过初步调整和恢复,到 1980 年底高校增加到 675 所,专业设置增加到 1036 种,其中理、工科专业的比重继续增大,已占各科类专业设置总数的 66%[②]。但由于过度强调恢复,导致这一时间段中央对高校专业在管理和规范上存在一定缺位,致使高校在专业设置上存在数量激增、盲目设置、名称不规范等现象,截至 1982 年全国高校共开设专业1343 种。为解决这一现象,国家开展了长达五年的本科专业目录修订工作,并于 1987 年底正式颁布,将专业数从之前的 1343 种压缩为 671 种。较之原有的专业目录,新的专业目录具有以下四个特点:调整了专业内容,专业口径得以拓宽;专业名称更加科学、规范;专业结构中充实和加强了新兴边缘学科和薄弱学科的专业;编写了专业简介,明确了培养目标和基本要求,强调了实践教学环节对于专业建设的重要作用。

(五) 专业设置的调整和改正阶段(1988—1998 年)

1985 年,中共中央发布了《关于教育体制改革的决定》,提出在加强宏观管理的同时,实行简政放权,扩大学校的办学自主权。1987 年,国家教委组织起草了《普通高等学校本科专业设置暂行规定》,这是我国第一部关于高校专业设置管理的法规,旨在加强专业设置的宏观管理。为此,国家教委历时一年半对高校现设本科专业进行修订清理,最终制定出台了《普通高等学校本科专业目录》并于 1992 年正式颁布实施,共包含 10 个学科门类、71 个二级类和 504 种专业。这次专业数量的设置开始以学科性质和学科特点为依据,兼顾了学科建设和社会发展的需求,专业口径进一步拓宽。高校专业设置管理办法的规定也明确下放了本科专业设置的审批权限,并于 1994 年下发了《关于近期普通高校本科专业设置和备案工作的意见》,决定对高校专业进行审批和复核。

1998 年,我国对专业目录进行了第四次修订,这也是中华人民共和国成立以来修订幅度最大的一次,此次修订的目的在于使学科专业进一步适应我国科技和经济社会的发展需要,改变高等学校长期存在的专业划分过细、专业范围过宽、专业门类之间重复设置等状

---

① 林蕙青. 高等学校学科专业结构调整研究[D]. 厦门: 厦门大学教育学院, 2006.

② 廖其发, 杜学元, 胡悟, 等. 当代中国重大教育改革事件专题研究[M], 重庆: 重庆出版集团, 重庆出版社, 2007: 231.

况。调整后，专业设立主要依据学科划分，强调了人才培养的社会适应性；增设了管理学门类；调整后的本科专业分为 11 个学科门类、71 个二级学科、249 种(目录内)专业数。此次专业目录的修订和同年发布的《普通高等学校本科专业设置规定》仍是目前我国高校专业设置和调整的指导性文件。

这一时期，我国高校专业结构和布局逐渐趋于合理，专业的适应性较强，同时在一定程度上控制了高校盲目设置专业的势头，提高了高校的教学质量和办学质量。

(六) 专业设置的不断发展和完善阶段(1999 至今)

1999 年，教育部出台的《面向 21 世纪教育振兴行动计划》提出，到 2010 年，高等教育毛入学率将达到适龄青年的 15%，若干所高校和一批重点学科进入或接近世界一流水平[①]。各高校积极响应高等教育扩招政策，纷纷增设新专业，办综合性大学。为了尽快落实高校专业设置的自主权，2000 年 9 月，教育部发布了《关于近期高等学校本科专业设置几个具体问题处理意见的通知》。2001 年，教育部针对高校学科专业结构存在的主要问题，发布了《关于做好普通高等学校本科学科专业结构调整工作的若干原则意见》，提出了 11 条原则意见。其中明确提出，要扩大高校学科专业设置自主权，加强宏观调控，构建适应经济社会与科技发展需要的学科专业结构调整机制等[②]。这一时期，高校成为法律上专业办学的主体，拥有自主设置和调整专业的权利，但必须报教育部批准，在专业人才输出环节引入市场竞争机制，但在具体的专业设置和调整过程中政府计划依然起着主导作用，市场机制只起到辅助作用。

2017 年，教育部等五部门联合印发的《关于深化高等教育领域简政放权放管结合优化服务改革的若干意见》提出，"完善高校专业设置机制，改进高校本科专业设置。加强专业建设信息服务，公布紧缺专业和就业率低的专业名单，逐步建立高校招生、毕业生就业与专业设置联动机制[③]。"国家开始从放、管、服三个方面推进高校专业动态调整。高校主体意识逐渐凸显，大胆探索内外部需求信息，在专业人才调整中引入市场机制，市场内外部的需求主体也主动参与到专业调整过程当中，通过市场需求调节和学生的专业选择实现高校专业动态调整的优化选择。

纵观我国高校专业设置近 70 年的改革发展演变过程，专业设置经历了集权—分权—再集权—再分权的多次反复，也经历了按行业部门分类—按学科分类—按社会需求分类的

---

① 教育部. 面向 21 世纪教育振兴行动计划(摘要)[J]. 中国高等教育, 1999(6).

② 教育部关于印发《关于做好普通高等学校本科学科专业结构调整工作的若干原则意见》的通知[EB/OL]. [2001-10-25]. http://www.moe.gov.cn/s78/A08/gjs_left/moe_1034/201005/t20100527_88506.html.

③ 教育部等五部门关于深化高等教育领域简政放权放管结合优化服务改革的若干意见[EB/OL]. [2017-04-06]. http://www.moe.gov.cn/srcsite/A02/s7049/201704/t20170405_301912.html.

发展变化过程,尤其是改革开放 40 多年来,专业设置越来越强调以社会需求、学科和促进学生全面发展为导向的价值取向。在经济、科技快速发展的今天,专业设置不再考虑局限于某一方面的价值需求,而是综合考虑国家和区域经济社会发展的需要,考虑不同学科专业交叉融合需要,这些需求促使跨学科复合应用型人才成为当前高校人才培养过程中关注的焦点,基于此,研究社会需求驱动下跨学科复合应用型人才培养的必要性和现实要求能够为高校跨学科复合应用型人才的培养提供理论基础和借鉴意义。

五、跨学科复合应用型人才培养的必要性和现实要求

近年来,社会经济的发展和科技的进步使得跨学科复合应用型人才在市场竞争中表现出极大的适应性和优越性,单一的专业人才培养模式逐渐被复合应用型人才培养模式取代。在这种情况下,高等教育要适应社会经济发展对于人才的需求,就需要树立"复合应用型"人才观念,以培养学生综合素质和职业技能为目标,提高人才综合素质和综合能力,促进高校人才培养体系的改革与创新,构建复合应用型人才培养管理体制机制,提高高校人才培养的核心竞争力。站在时代发展的高度,充分重视并积极开展复合应用型人才的培养工作[1]。这也是高校实现高质量发展的必然选择。

(一) 满足社会需求是复合应用型人才培养的必然选择

20 世纪 90 年代以后,我国的社会生产力不断发展,经济全球化脚步不断加快,新的发展格局对高等教育培养的人才和培养模式都提出了新的挑战。党的十八届三中全会改革方案中重点提及深化教育领域综合改革,全面贯彻党的教育方针,创新高校人才培养机制,促进高校办出特色,争创一流,这为我国高等教育的改革指明了方向。高校作为人才培养的主阵地,传统的人才培养模式已经很难适应现代社会发展对于人才的多样化需求,只有紧跟时代发展潮流,面向世界、面向未来,才能培养出适合社会发展需求的人才,进而推动社会的发展。复合应用型人才既是综合素质和综合能力过硬的人才,也是适应社会发展需求的人才,这种观念在各个高校已达成共识。在中共中央、国务院印发的《中国教育现代化 2035》中也提出"加强创新人才特别是拔尖创新人才的培养,加大应用型、复合型、技术技能型人才培养比重。"只有培养更多更优秀的复合应用型人才,才能使他们在激烈的市场竞争中站稳脚跟,成为社会发展和进步的基石。

(二) 提升综合素质是复合应用型人才培养的必然要求

综合素质是指一个人的知识水平、道德修养以及各种能力等方面的综合素养,通常包

---

① 李纯光. 高校复合型人才培养管理研究[D]. 西安: 西安科技大学,2015.

括人的身体素质、心理素质、外在素质、文化素质和专业素质等方面的内容。1999年6月，《中共中央国务院关于深化教育改革全面推进素质教育的决定》的发布，促使各高校不断探索如何培养真正的素质教育人才，而复合应用型人才培养的提出不论是内涵还是外在都与之相契合。尤其是在知识大爆炸时代，提升人的综合素质去适应社会发展尤为紧迫，高校需要在人才培养过程当中树立正确的教育观、质量观和人才观，树立对学生进行综合素质教育、科学教育与人文并重、围绕培养目标实施多学科综合教育的思想观念，注重发挥学生的积极性和主动性，培养学生创新创业精神和能力，使学生能够拥有较高的道德文化素质、较强的专业素养和健康的身心，不断提升自身的综合素质和综合能力，实现自身德智体美劳全面发展，能够更加积极主动去解决学习和工作中遇到的复杂问题，更好地应对社会大环境对自身发展所提出的不同挑战，实现自我价值与社会价值的有机统一。

(三) 人的全面发展是复合应用型人才培养的现实需要

　　传统的人才培养模式更侧重于注重专业教育而忽视了对全面发展人才的培养，这样的人才难以满足社会经济发展对于人才多样化的需求，因此，高校需要不断更新人才培养理念和培养模式，提升人才培养质量。2010年，我国颁布的《国家中长期教育改革和发展规划纲要(2010—2020)》就指出，"必须树立科学的教育质量观，把促进人的全面发展、适应社会需要作为衡量教育质量的根本标准[①]。"复合应用型人才的培养提倡以学生为中心，注重学生多样化需求的满足，注重人才的双重或多重专业背景，注重多学科的交叉与运用，强调理论与实践的有机结合和对学生的过程管理。正是基于人的全面发展所提出来的教育理念，才能满足社会对人才培养的实际需求。

第二节　跨学科复合应用型人才培养的现状与反思

　　互联网时代，信息技术加速融合，互联网+、人工智能等新科技的快速发展打破了原有的学科、技术和组织之间的界限，跨学科领域的技术交叉融合催生出新的技术形态，进而产生新的产业、行业和职业，这些变化使得具有多学科知识结构、宽领域知识视野、高层次知识水平的跨学科复合应用型人才成为推动科技更新和经济发展的主动力。为此，跨学科复合应用型人才的培养成为现如今各高校研究和探索的重点，并在理论和实践中取得了一定的成就，但基于跨学科背景下的复合应用型人才培养中还存在许多深层次的发展瓶颈，无论是观念还是行为均

---

① 国家中长期教育改革和发展规划纲要: 2010—2020 年[EB/OL]. [2010-07-29]. http://www.gov.cn/jrzg/2010-07/29/content_1667143.htm.

存在明显的偏差和缺乏，对跨学科复合应用型人才或泛化、或片面的理解导致复合应用型人才在培养目标、培养方式、培养模式上存在误导和偏差，培养成效不容乐观[①]。

一、跨学科复合应用型人才培养的现状与困境

通过深入剖析，高校跨学科复合应用型人才培养的现状与困境可以简单归纳为以下几个方面：

（一）对跨学科复合应用型人才认识的偏差

高校对复合应用型人才认识的偏差，主要体现在以下几个方面：

(1) 课程设置。课程设置较为零散，系统性不强。来自不同学科、不同专业的课程群往往各自为政，拼凑现象明显。课程群之间缺少统一的专业导向，不同学院的教师讲授同一专业的不同课程，不同课程之间缺乏交流、沟通和合作，难以形成课程群之间的配合，不能使每一门课程都能够有效地支撑本专业复合应用型人才的系统性培养。

(2) 培养途径。培养途径相互脱节，缺乏整合性。在跨学科复合应用型人才培养过程中，大部分高校延续传统的教学途径和方式，从书本到书本或者理论教学、实验与实训以及社会实践等诸方面相互脱节，而有限的实践性教学环节又远离社会一线，学理研究与社会实践很难有效结合起来。

(3) 师资配置。师资配置不合理，缺乏协同性和完整性。跨学科和跨专业的复合应用型人才培养，决定了其师资队伍必然有着不同的学科及专业背景。由于专业背景的局限与依赖，教师会习惯性地将关注点和兴趣点落在原有专业上，且各个学科之间存在较大跨度，教师之间的教学交流与沟通存在较大困难，这种专业结构的特殊性直接导致了复合应用型人才培养过程中师资配置上的致命缺欠——各自独立，缺乏协同性。同时，双师型教师的不足也是影响跨学科复合应用型人才培养的另一重要因素，高校教师往往缺乏专业实践机会，企业的技术性员工也由于各种因素的限制很少有机会担任专业教师，这都是影响高校理论教学和实践教学相互融合的关键因素。

（二）高校跨学科复合应用型人才培养的逻辑偏差

基于马克思的人的全面发展理论、伯顿·克拉克的三角协调理论及知识生产模式的转型，高校培养复合应用型人才应该基于高等教育存在的合理性，其功能应满足劳动力市场、知识生产方式和个人全面发展三方面的需求逻辑。依据这三方面需求逻辑，目前高校跨学科复合应用型人才的培养存在一定的偏差。高校复合应用型人才培养方式是一种多元化的培

---

① 方东. 高校复合型人才培养的现实困境及其反思[J]. 高教探索, 2008(04): 135-136.

养方式，它们为复合应用型人才培养目标的实现提供了有效经验，但也存在诸如实施过程不到位、实施效果不理想的问题，主要表现为人才培养理念和理论逻辑上一定程度的偏差。

双学位/主辅修模式虽然兼顾了学生个体发展的理性与非理性因素，符合人的全面发展理念，但是却没有注重两种专业之间的融合，在知识生产的跨学科逻辑和岗位能力需求的市场逻辑方面均存在一定偏差。跨学科专业虽然契合了知识生产的跨学科逻辑和岗位能力需求的市场逻辑，但对于如何开展能力本位的教育仍有所欠缺[①]。

基于以上跨学科复合应用型人才培养的现状和困境，有必要对跨学科复合应用型人才培养的内涵和当前复合应用型人才培养的模式和要素进行进一步的分析。

二、跨学科复合应用型人才的内涵及特征

(一) 跨学科复合应用型人才的内涵

1. 复合应用型人才的定义

所谓"复合"(Recombination)，即再结合，从字面意义来讲，就是将两个或者两个以上的事物相互结合在一起，通过互相交叉、渗透和融合，从而产生新的结合体或是新的变化，实现两者或两者以上的事物所不能达到的性能[②]。所谓"人才"是指那些拥有一定知识、技能和能力，能够创造性地开展工作并为国家为社会乃至全人类作出有益贡献的人[③]。所谓"复合型人才"是指具有两个或两个以上专业(或学科)的基本知识和基本能力的人才，能够从事本专业或与本专业相关的临近专业和边缘学科的工作。这种复合型人才的本质是打破不同专业、不同学科之间壁垒森严的界限，理解并融合不同领域的专业知识和理论，这种复合包含能力的复合、社会学科与自然学科以及多种专业的复合、智力因素与非智力因素的复合等[④]。即使不在其所属专业领域，也能在短时间内熟练地掌握此领域的相关知识和技能，并创造新的价值。

所谓"应用型人才"是指在一定的理论指导下，从事非学术研究性工作，其任务是将抽象的理论符号转换成具体操作构思或产品类型，将知识应用于实践[⑤]。这种应用型人才的培养更加注重理论与实际的紧密结合，他们的综合能力和创新能力表现较强。

① 张庆君. 高校复合型人才培养变革: 逻辑、实践与反思[J]. 现代教育管理, 2020(04): 47-53.

② 李纯光. 高校复合型人才培养管理研究[D]. 西安: 西安科技大学, 2015.

③ 祝爱武. 研究生复合型人才培养: 内涵与特征[J]. 高等理科教育, 2017(06): 41-49.

④ 石海英. 我国医学类复合型人才培养研究[D]. 呼和浩特: 内蒙古大学, 2014.

⑤ 潘懋元, 石慧霞. 应用型人才培养的历史探源[J]. 江苏高教, 2009, (1): 7-10.

　　复合型人才强调的是全面发展的"人"，而应用型人才强调的是具有专业技能分工的"才"，二者在现如今高校人才培养过程中已经形成一个有机统一的整体。由此可见，"复合应用型人才"是指具有两个或两个以上专业(或学科)的基本知识和基本能力，能够理论联系实际，创造性地运用多学科的知识和技能去解决复杂问题的高层次人才。它在强调坚实的知识基础和各类学科知识相融的同时，更加注重知识的实际应用，因此，复合应用型人才能够表现出高素质、全知识、强实践等特征。

　　2. 跨学科复合应用型人才与专业人才的对比

　　所谓"专业人才"是指精通某一学科或某一专业技能的专门人才，这种人才在某一领域具有丰富的专业知识和熟练的专业技能。从定义来看，专业人才是具备专一能力，并在此能力上有较高造诣的人才。而复合应用型人才是具备多种知识、素质和能力并能够应用于实践的人才。从目标来看，专业人才强调在专业设置上以实用作为人才培养的目标，注重学生的应用能力和在某一专业的研究深度。而跨学科复合应用型人才则强调在专业设置和人才培养上需要按照学科水平和社会经济发展需求来进行培养，注重学生综合素质和综合能力的塑造，不仅强调人的全面发展，更强调实际操作能力的提升。从功能来看，专业人才只注重单一技能的培养。在科技不断发展的今天，仅具有单一技能的人才已很难适应现代社会的发展需求，而复合应用型人才由于注重综合素质和综合能力的培养，无论是在今后的就业还是个人发展上，都比专业人才更有优势，更能得到社会的认可[①]。

　　3. 跨学科复合应用型人才的类型

　　依据专业分类等级，跨学科复合应用型人才培养可以分为以下三类：

　　第一类，跨一级学科的复合应用型人才培养。跨一级学科的复合应用型人才培养，是指将不同的学科门类所属的专业合并在一起，打破学科门类之间的壁垒，共同培养专业基础厚、综合素质高、创新能力强的复合应用型人才。例如，1995 年，中国人民大学创建的文史哲试验班，把文学、历史学及哲学这三大学科的专业合并在一起，培养文史哲复合应用型人才。

　　第二类，跨二级学科的复合应用型人才培养。跨二级学科的复合应用型人才培养是指在人才培养过程中，学生需要在不同二级学科下设的专业分别进行学习，从而掌握两门专业的基本知识和技能，更好地适应社会对于复合应用型人才的需求。例如，西南科技大学在 1997 年创办的国际贸易班 3+2 班，就是从在校工科专业的三年级学生中选拔出一部分基础知识扎实、英语能力好和综合素质高的学生到经济管理学院去学习两年的国际贸易专业的课程，从而将他们培养成既懂工程技术，又懂管理和国际贸易的跨学科复合应用型人才。

　　第三类，以一个专业为主，兼有本校特色专业的复合应用型人才。许多地方性高校都

---

① 李纯光. 高校复合型人才培养管理研究[D]. 西安: 西安科技大学, 2015.

设置了具有本校特色的专业，学校在其他专业的课程选择上引导学生学习具有本校特色专业的相关课程，促进高校学科间的渗透与融合，改善学习者的知识结构，提升学生的学习能力和创新能力，提升学校办学特色。

本书主要讨论的是跨学科复合应用型人才培养的问题，因此以下着重讨论跨学科复合应用型人才的特征与要素。

(二) 跨学科复合应用型人才的特征

跨学科复合应用型人才除了具备一般专门人才所具备的共同特征外，还具有以下特点。

1. 知识覆盖面广

现代社会的发展和就业需求的多样化要求高校所培养出的人才必须是掌握多种知识和技能的就业者，跨学科复合型应用人才一般都具备两个或两个以上的专业或学科基础理论知识和专业技能，具备广泛的文化教养，因此，更容易被市场所接受。他们能将自己的知识和技能延伸到不同专业领域当中，从而实现不同专业知识的有机融合，实现自身理论知识和技能知识的融合和升华，并最终实现专业基础知识和专业技能、人文社会科学类的基础知识以及自然科学类的基础知识的有机融合，进而形成层次合理、综合性强、整体性完整的知识体系。这种知识体系的建立，将为多学科知识的交叉融合提供有利条件，并为不同专业知识技能的培养打下坚实基础①。

2. 综合素质较高

《辞海》对"素质"一词的定义有以下三个方面：一是人的生理上生来具有的特点；二是事物本来具有的性质；三是完成某种活动所必需的基本条件。在高等教育领域中，更为大众所接受的是第三个定义，即个体从事学术科研活动所具备的基本知识和基本能力。素质作为一种无形的力量，在知识经济不断发展的今天，尤为重要。人的综合素质主要包含思想政治素质、职业道德素质、文化素质、身心素质等各个方面。每一种素质之间相互作用，形成素质结构，从而发挥出部分素质所无法发挥出的整体功能。

(1) 思想政治素质。思想政治素质是个体最重要的素质，在所有素质当中占据核心地位，是人们从事社会活动所必需的基本品质，是一个人政治思想、政治观念、政治立场和政治信仰的综合体现。其具体表现为具有辩证唯物主义和历史唯物主义的世界观，正确的人生观和价值观，掌握哲学与科学的关系，坚持追求真理，能够用科学的世界观指导实践，做到全心全意为人民服务。

(2) 职业道德素质。职业道德素质是人们在从事职业活动中所具备的与人们职业活动

---

① 李纯光. 高校复合型人才培养管理研究[D]. 西安: 西安科技大学, 2015.

紧密联系并符合职业特点的道德准则、道德情操和道德品质的总和，是人们在从事职业的过程中形成的一种内在约束机制。不同职业的人员在特定的职业活动中形成了特殊的职业关系、职业利益、职业活动范围和方式，由此形成了不同职业人员的道德规范。2019 年 1月，中共中央、国务院印发了《新时代公民道德建设实施纲要》，提出推动践行以爱岗敬业、诚实守信、办事公道、服务群众、奉献社会为主要内容的职业道德，鼓励人们在工作中做一个好建设者①。作为复合型人才，应善于准确有效地将一些职业素质转化为自身的个性和品质，从而更好地适应社会发展的需求。

(3) 文化素质。文化素质是指人们在文化方面所具有的较为稳定的、内在的综合品质或达到的发展程度。它不仅包含学校教授的科学技术知识，也包含自身所接收到的人文社科知识，如哲学、历史、文学、社会学等方面的知识。这些知识能够通过自身的语言、文字和肢体等反映出来。跨学科复合应用型人才只有具备这类素质，才能正确地对待自然、对待社会。

(4) 身心素质。身心素质是身体素质与心理素质的合称，二者缺一不可。跨学科复合应用型人才不仅需要有强健的体魄、充沛的精力，更需要有乐观的心态和面对困难不懈努力的精神，这两种素质能够支撑跨学科复合型人才不断开拓创新，勇于进取，在今后的工作和生活中创造更大的价值。

3. 综合能力较强

跨学科复合应用型人才应该是具备多种能力的综合体，他们不仅需要掌握本专业所需的专业知识和技能，还需要掌握不同学科和不同专业的基本知识和技能，进而实现不同专业之间(学科之间)的碰撞与融合，形成新的知识，具备新的能力。跨学科复合应用型人才所具备的综合能力主要包含以下五种能力：

(1) 学习能力。知识永远处在一个不断更新变化的过程中，在这个过程中，跨学科复合应用型人才就需要具备长时间丰富自身知识库存的学习能力。

(2) 适应能力。跨学科复合应用型人才基础扎实、知识面广、综合素质较强，因此普遍具有较强的应变能力，能够在复杂的社会关系中不断去适应新的生活和新的社会关系。

(3) 工具性能力。跨学科复合应用型人才能够在有效的时间内掌握适应社会的基本技能(如外语、计算机等)，并让它们作为有效工具来适应并满足自己在学习和工作中的需求。

(4) 实践能力。跨学科复合应用型人才能够熟练地将理论知识应用到具体生活实践中。

(5) 创新能力。创新能力是一个高素质人才不可或缺的技能，也是跨学科复合应用型人才所必须具备的一项能力。它能够激发他们发挥自身的主观能动性，善于发现问题，主动接受挑战并解决问题。

---

① 中共中央国务院印发《新时代公民道德建设实施纲要》[EB/OL]. [2019-10-27]. http://www.gov.cn/ zhengce /2019-10/27/content_5445556.htm.

4. 思维辐射较广

跨学科复合应用型人才的思维方式主要表现为多维性、非线性和发散性，这就促使他们能够从多角度、多方位、多层次去探索解决问题的办法；能够迅速认识、理解事物之间的关系，建立事物之间联系，并找到问题的最优解。

三、跨学科复合应用型人才培养模式及要素分析

(一) 高校跨学科复合应用型人才培养的模式

近年来，社会经济结构的转型、产业结构的升级、科学技术的进步和社会分工的不断调整，大量错综复杂的新问题和新兴学科也不断涌现出来，学科间的界线也越来越模糊。在此环境下，市场对跨学科复合应用型人才的需求越来越多，我国人才培养的模式也随之做出了相应的调整和改变。因此，跨学科复合应用型人才的培养成为各高校人才培养模式的必然选择，各高校也在跨学科复合应用型人才培养的模式上进行了探索和实践，其实践成果主要有以下三种模式。

1. 综合性实验班/学院模式

创办跨学科的综合性实验班/学院，是高校探索培养跨学科复合应用型人才培养模式的另一重要方式。武汉大学创办的物理学人才培养试验班、清华大学的"生物学基础科学班"、华东师范大学的"佛年班"、中山大学的"逸仙班"、浙江大学的"竺可桢学院强化班"等[1]，都是对优秀学生进行跨学科交叉培养。他们对学生专业成绩和综合素质有较高要求，为学生配置优秀师资、注重实践对学生理论知识的检验与强化，为不同专业的学生进行跨学科的学习和交流奠定了良好基础。

2. 双学位/主辅修模式

双学位/主辅修人才培养模式在综合性大学里较为常见，学校凭借自身学科相对齐全的优势可以更好地推进复合应用型人才的培养。武汉大学于 20 世纪 80 年代最早实行主辅修制，并对学生辅修获得相关专业证书做了明确规定。双学位/主辅修模式包含跨学科门类辅修另一个本科专业、跨一级或二级学科辅修第二个本科专业。例如，厦门大学双学位教育的培养模式允许学有余力的本科学生在主修专业外跨学科门类辅修另一个本科专业，完成辅修专业规定的学分要求(不低于 45 学分)与考核可获得辅修专业的学位证书[2]。长春理工

---

① 张庆君. 高校复合型人才培养变革: 逻辑、实践与反思[J]. 现代教育管理, 2020(04):47-53.

② 厦门大学双学位教育(主辅修制)试行办法[EB/OL]. [2015-11-09]. https://jwc.xmu.edu.cn/2015/1109/c2141a44587/page.htm.

大学经济管理学院的双学位制,要求经管专业的学生在掌握本专业西方经济、国际贸易、管理学、金融学等基础课程并学有余力的前提下,可跨专业学习一些理工类的课程,如概率论、统计学等,从而实现两个专业知识的相互渗透和有机融合,提升学生自身素质,丰富知识结构,提升毕业生后期就业的竞争优势[①]。

3. 跨学科专业培养模式

高校社会服务的功能直接决定了高校所培养出来的人才必须与社会的人才需求相适应。当前,对跨学科复合应用型人才需求的增加使得设置跨学科专业成为高校复合应用型人才培养的策略选择。2008 年,北京大学建设了第一个本科跨学科专业"古生物学",所培养的人才具备生物学、地质学、环境科学等多个学科专业的知识[②]。北京大学、对外经济贸易大学、中南大学三所高校于 2016 年首次申请开设的"数据科学与大数据技术"专业涵盖了计算机、数学与统计交叉学科知识。2017 年,中国人民大学、电子科技大学、复旦大学、华东师范大学等高校也相继开设了"数据科学与大数据技术"专业。

(二) 跨学科复合应用型人才培养模式的要素

2015 年 5 月 19 日,国务院在《中国制造 2025》中强调"把大力培养复合型人才作为建设制造强国的战略支持和保障之一"[③]。复合应用型人才不仅需要有较高的综合素质、多重整合的治理结构,还需要有跨专业、跨学科的思维能力和复杂岗位实践的应用能力[④]。当前科技的进步、经济结构的调整和产业结构的优化升级,使得各种工作岗位之间的界限越来越模糊,学科定位边缘化,各种知识、能力的相互交叉、融合使得拥有完整的知识、素质和技能的跨学科复合应用型人才成为当前人才市场上最具有竞争优势的人才队伍。跨学科复合应用型人才培养是当前各高校遵循开放、融合、创新的教育理念上建立起来的相关学科和专业协同培养复合应用型人才的人才培养模式。

人才培养模式是指培养主体为了实现特定的人才培养目标,在一定的教育理念指导和一定的培养制度下设计的、由若干要素构成的具有系统性、目的性、中介性、开放性、多样性和可效仿性等特征的有关人才培养过程的理论模型与操作样式[⑤]。

高校作为复合应用型人才培养模式的主要策划者和实施主体,在遵循国家教育理念和教育制度的前提下,根据各自的办学理念和办学实际探索复合应用型人才培养的具体运行方式,

---

① 张肃, 王含. 论复合型人才培养模式及其教育实践[J]. 山西财经大学学报, 2016, 38(S1): 87-88.

② 毛帽. 北大首现"一个人的专业"培养跨学科人才[N]. 中国教育报. [2009-03-16].

③ 国务院. 关于印发《中国制造 2025》的通知[A]. [2015-05-19].

④ 宋晶. 复合型技能人才培养的理论思考[J]. 职教通讯, 2016(13): 25-29.

⑤ 董泽芳. 高校人才培养模式的概念界定与要素解析[J]. 大学教育科学, 2012(03): 30-36.

首先要做的就是梳理清楚高校人才培养模式中所包含的要素。借鉴其他学者的研究成果,综合作者所在高校实践经验,跨学科复合应用型人才培养模式的要素可以从以下两个部分分析。

1. 培养主体

高校复合应用型人才培养的要素包含教师和学生。跨学科复合应用型人才培养模式是教师和学生共同参与的人才培养实践过程。

(1) 学生。学生既是人才培养的主体,又是人才培养的客体。因此,跨学科复合应用型人才的培养必须尊重学生的主体地位,树立注重学生的个性发展和因材施教的教育理念,围绕学生培养目标实施多学科综合性的教育观念,充分发挥学生学习的积极性、主动性和创造性,挖掘学生的潜能。

(2) 教师团队。教师资源是高校教学水平和科研水平的决定性因素,教师队伍质量的高低直接决定了复合应用型人才培养的质量。跨学科复合应用型人才培养需要组建结构合理、多元融合的教师队伍,他们不仅要拥有扎实的本学科知识和多学科的专业知识,又要具备高水平的综合素质和实践能力;教师队伍中不仅要有本校不同学科的教师,还需要来自政府、行业企业和高校等各领域的专家学者,他们相互配合,互相协作,通过信息共享、项目共研、教学共建的方式,共同参与人才培养的全过程。

2. 培养过程

高校跨学科复合应用型人才培养的关键要素包含专业设置、课程体系设置和教学实践等,它们是实现人才培养目标的重要支撑。

(1) 专业。专业的设置是人才培养模式中的重要组成部分,专业划分是建立在学科的知识体系和社会经济发展需求之上的。跨学科复合应用型人才的培养要求在专业的设置上不再局限于某一类学科门类,而是更加注重专业口径的拓宽,并向交叉融合的方向发展;更注重市场的导向性,强调根据市场的需求不断变换;注重新兴学科的兴起和新兴领域的研究和发展,最终培养出知识面广、应用能力强、就业竞争力强的专业人才,这种人才不仅能够适应社会发展对于人才的需求,更能够在知识传承的基础上进行创新,推动科技进步、引领社会变革,促进社会发展。

(2) 课程设置。课程是人才培养模式的核心要素,跨学科复合应用型人才的培养最终都需要落实到课程建设上来。根据高校复合应用型人才培养的要求,其课程体系的设置要更加多元化,更能体现所学知识的跨界。在合理设置课程体系的过程中,不仅包含自然科学的知识,也需要包含人文社会科学的知识,注重专业素养的跨界培养和联合培养,增强学生的专业能力和综合能力。多学科教学团队可以在课程设计与开发、课程组织实施、课程评价的基础上更新课程内容,改善课程组织方式,共同研究多学科领域复合应用型人才培养的教材,实现"课程互上,教材共建"。

(3) 实践教学。实践教学是深化课堂教学的重要环节，是学生运用所学知识的重要途径。跨学科复合应用型人才更加注重学生思维能力和解决实际问题能力的培养。通过组织教学实践，以项目驱动、社会实践、校外实习、教学大赛、学科竞赛等形式，促使学生突破专业之间的限制，掌握多学科理论知识和实践技能，提升自身能力，从而学会从多学科的思维角度去分析问题和解决问题。

(三) 跨学科复合应用型人才培养模式各要素间的关系分析

跨学科复合应用型人才培养的各要素之间不是孤立存在、毫无关系的，而是相互联系、相互补充、相互促进的，各要素之间存在密切的逻辑关系。在整个跨学科复合应用型人才培养的过程中，它们在发挥各自功能的基础上相互配合，彼此交叉、融合，层层递进，共同塑造多学科融会贯通的复合应用型人才。

跨学科复合应用型人才的培养是一个树立观念、梳理思路的过程，也是一个结合社会需求、指导教育实践的过程，学生和教师作为人才培养的主体，参与人才培养的全过程。因此，就横向而言，学生培养、教师队伍和实践过程成为复合应用型人才培养的三大维度。

高等教育的本质是专业的教育，学科专业在高等教育体系和对人才的培养过程中处于基础地位。专业作为人才培养的基本单元，是基于学科发展的知识体系和社会职业分工进行教学的基本教育单位。课程是为实现教育目标，依据专业发展要求，经选择纳入教学活动过程的知识、技能、行为规范、价值观念等文化总体的一般体现形式[①]，是人才培养模式的核心。人才培养最终都要落实到课程建设当中，复合应用型人才的课程建设要求必须融入不同学科的知识、理论和技术，这就需要具有不同学科背景和技能的教师共同组成教师队伍，共建课程体系。专业知识的掌握必须经过实践才能转化为自身的知识和技能，通过实践教学，使得之前看似杂乱无章的知识无形中建立起彼此之间的逻辑联系。

因此，就纵向而言，基于学科平台、教学与科研、课程与教材、实践与专业一条龙的组织和建设构成了跨学科复合应用型人才培养的四个层次，这四个层次是一个循环往复的过程，基于新兴学科知识体系构建相应的专业、搭建学科平台；基于学科平台构建教师教学团队，加强科研项目合作；基于教师团队构建课程体系、共建教学教材，丰富理论教学；基于理论教学，落实实践教学，反馈专业建设，继续下一轮专业人才的培养。这一闭环教学模式，贯穿复合应用型人才培养的全过程，共同促进复合应用型人才培养目标的实现。

---

① 章云，李丽娟，杨文斌，等. 新工科多专业融合培养模式的构建与实践[J]. 高等工程教育研究, 2019(02):
　　50-56.

第二章　"三维四层"跨学科复合应用型人才培养模式的构建

人才培养工作是一个包含诸多要素的复杂体系，本章在探讨人才培养模式构建时将其视为一个"复杂工程问题"，并参考了解决复杂工程问题的相关思路。首先，根据人才培养模式的特点，寻求相关学科的理论支持；其次，运用理论知识指导模式的设计思路与设计方法，力求在技术路线上有所突破，最终构建起人才培养体系的整体框架；再次，分析了框架中教师、学生、教学实践这三个维度如何在学科建设、教学与科研、课程与教材、多专业实践融合这四个层次上相互作用；最后，分析了"三维四层"人才培养模式的动力机制以及对现有复合应用型人才培养模式困境的破解，保证人才培养工作顺利实施。

第一节　"三维四层"人才培养模式的内涵分析

人才培养工作类似于"复杂工程问题"，它涉及多方面的因素，如教师、科研、专业、课程、平台等，具有综合性、复杂性，这些因素之间的利益有可能是相互冲突的，如教学与科研、专业性与跨学科，需要理清它们之间的关系，找到解决问题的突破口。在解决实际问题时，需要我们搭建一种"模型"，也就是采用"模式"去解决，提出基本的目标与结构，使得这个解决问题的方案有更广泛的辐射性、应用性。

一、"三维四层"人才培养模式的理论基础

解决"复杂工程问题"没有固定的、可重复操作的规程，需要从基本原理出发，经过深入的分析才能解决。因此，解决人才培养工作中遇到的问题，一方面要遵循人才培养的规律，从教育学的角度来分析；另一方面，可以突破传统领域的方法和技术，运用交叉学

科的基础知识来支持问题的解决。人才培养模式是一种结构样式和运行方式，具有明显的系统性与范型性①，受到校内和校外多重主体、环境因素的影响，因此，我们将从系统理论、教育生态学理论以及利益相关者理论这三个角度去进行分析。

（一）管理的系统理论

人才培养体系包含诸多要素，但是培养体系不能简化为要素。这些要素在人才培养工作中发挥的功能不是简单的相加，而是要按照各要素的功能性质相互影响、相互制约，通过一定的结构和功能形成一种"整体大于部分之和"的效果。如何使系统功能达到最优化，这就是系统理论探究的内容。

系统理论源于系统科学。系统科学兴起于20世纪40年代后期，它主张从系统的角度去研究客观世界，是一种人类认识和改造世界的科学理论和方法。系统方法是现代科学方法之一，为解决复杂系统问题提供了新的思维模式和技术路线。

所谓系统，是指由若干既相互区别又相互联系、相互作用的要素所组成，处于一定的环境之中，为实现整体目的而存在的有机集合体。其中的"要素"是指系统内相互联系、相互作用的各组成部分②。在系统论看来，系统内的基本要素并不是相互孤立的，它既在自己的系统内，同时又与其他系统发生联系，相互影响。因此，要从整体出发，分析系统的构成要素以及各要素之间的结构关系，分析系统与外部环境的联系，达到管理的最优化目标。党的十八大以来，习近平总书记多次强调，要着力推进社会治理的系统化、科学化，不断完善中国特色社会主义社会治理体系③。坚持系统治理思维，要求用整体性观点看问题，强调整体性、结构功能、相互联系、有序性、目的性和动态性原则，在动态中协调系统各方面的关系，使系统达到最优化④。

因此，在建构人才培养模式之前，可以借鉴系统方法从以下几个方面对复合应用型人才的培养进行充分的分析与探讨：

（1）整体性。充分分析影响人才培养的诸多要素，并将其视为有机整体，探索这些要素之间的逻辑关系，从而架构起一个合理、有效的组织结构。

（2）协同性。分析各要素之间、子系统之间、系统与环境之间的相关关系，使得各要素之间相互协调、相互匹配，实现要素之间的协同效应。

① 吴巧慧，邢培正. 应用型本科人才培养模式研究与实践[M]. 北京：中国轻工业出版社，2011：60.

② 孙成志，刘明霞. 管理学[M]. 大连：东北财经大学出版社，2014：42.

③ 习近平. 习近平谈治国理政：第二卷[M]. 北京：外文出版社，2017：384.

④ 郭滇华，杨春芳. 系统论视阈下教育现代化发展政策调适体系构建[J/OL]. 行政管理改革：1-12. [2021-02-25]. https://doi.org/10.14150/j.cnki.1674-7453.20210112.001.

(3) 动态性。人才培养系统存在于社会系统中，是相对于社会系统的动态变化系统，要能随外部环境变化而变化。比如人才培养方案，每隔若干年就要重新修订，而重新修订的时候要充分采纳学科专家、用人单位等各方面的意见。

关于系统变革，有学者①认为系统变革根据变化的范围和复杂性可以分为两类：一类为一阶变革(first-order change)，另一类为二阶变革(second-order change)。一阶变革发生时，系统只有一部分受到变革的影响，如增加或减少了某些要素，而组织的运作方式不会发生变化。二阶变革发生时，系统的整体都产生了变革，即不仅是系统内的要素发生了变化，系统内各部分的组织关系、组织基本目标、构建或者运行过程也都产生了变化。实际上，对于我国复合应用型人才的培养，各高校也一直在进行着探索，比如打通专业基础课、开设跨专业的专业选修课等，但是这些基本上都属于一阶变革，虽然产生了成效，但是没有能够从整体上对人才培养模式产生根本性的改革。要真正实现人才培养模式的转变，还需要对人才培养模式内各要素的结构进行整体考察，充分发挥不同部分的功能，协同运作。

(二) 教育生态学理论

教育生态学是教育学与生态学结合的一门边缘学科，是运用生态学的机理研究教育现象的科学，主要探索教育与外部环境，包括社会环境、文化环境以及自然环境的相互制约关系。最早提出相关概念的是美国学者沃勒(W. Waller)，他于1932年在其著作《教学社会学》中提出了"课堂生态学"的概念。20世纪60年代，英国学者阿什比(Ashby)提出了"高等教育生态学"的概念。1976年，美国哥伦比亚大学的劳伦斯·克雷明(L. A. Cremin)在《公共教育》一书中正式提出了"教育生态学"的概念，从此教育生态学成为了一门独立学科。有学者认为，教育生态学是通过系统分析的方法，研究教育生态系统的构成、功能、规律以及如何实现系统物质、能量与信息交互的平衡②。

人才培养系统也是一种生态系统，它包括生物因素和非生物因素。生物因素有教师、学生、行政管理人员等。非生物因素则包括物质因素和精神因素。其中，物质因素有自然因素(学校的地理位置等)、设施因素(教学条件、教学设备、校园环境等)；精神因素有文化因素(质量文化、学习文化等)、组织因素(制度、组织机构、管理模式)等。根据教育生态学理论，学校管理者应充分利用人才培养生态环境条件建立起一种多样化的、能促进生命体(教师和学生)获得最优化发展的生态共同体。

所谓生态共同体，是以一定方式紧密联系且相互作用的有机结合体。人才培养体系里面的各个要素之间通过平衡合作，使各个要素能各安其位、各得其所，从而提高人才培养

---

① LEVINE M. 社区心理学原理：观点与应用[M]. 3版. 上海：上海教育出版社，2018：291.

② 潘强，许钟元，刘旭. 高校网络思想政治教育生态系统构建研究[M]. 北京：中央编译出版社，2019：58

的整体效果。构建人才培养生态共同体应做到以下几点:

第一,整合人才培养体系内各要素资源,实现共生性。人才培养不仅是教师和教学管理部门的工作,高等学校所有部门都应该集中资源,发挥育人作用,实现"三全育人",即"全员育人、全程育人和全方位育人"。

第二,各要素相互配合,强化人才培养的效果。无论是科研资源、教学资源,还是人力资源、财力资源,都应该以本科人才培养为中心,形成人才培养的合力。

第三,各要素之间资源整合,增加人才培养效果。各要素之间相互关联,形成耦合效应,比如教学与科研如何协同,学科与专业如何协同等。

教育生态学所总结的基本原理包括教育生态系统整体效应、花盆效应、限制因子定律、耐度定律与最适度原则、教育生态位原理、教育生态链法则、教育节律、群体生态系统的边缘效应以及活水效应等①。教育生态学是一门新兴学科,国内不少教育管理者对其并不十分熟悉。但是,教育生态学基本原理对高等教育管理工作具有重要的启示作用。

以教育生态系统整体效应为例,这一原理认为,教育生态系统是由不同层次的结构单元和外界多年生态环境中各种生态因子构成的网络,各个单位之间、单元与因子之间相互联系、相互影响、相互作用,构成一种复杂的结构,彼此间具有相互调节与制约的作用,在功能上构成一个统一的整体。这一点与系统理论有异曲同工之妙。人才培养体系里面有课程体系、教师队伍、学科专业等各种单元,这些教育内部单元既内部相互影响,又受外界环境的影响,比如课程内容不仅要随着学科发展而变化,也要适应社会生产的发展。再比如师资队伍建设,有的专业就业市场状况不好,本科生深造的愿望就高,毕业后倾向到高校担任教师;但是对于一些市场热门专业,本科生则更倾向毕业后直接就业,更愿意去企业发展。因此,教育工作受社会环境的影响,同时又反过来影响社会环境。

例如花盆效应,借用花盆来比喻学校是一个半自然、半人工的小生态环境。花盆中的植物虽然在人工的照拂下长得很好,但是这也导致它们对自然环境的适应阈值下降,生态幅度变窄。我国高校,特别是地方高校培养的毕业生,在很长一段时间内都受到企业的诟病,不少企业认为学生岗位适应能力差,实践动手能力差,有的企业甚至还需要再投入大量的时间和金钱对毕业生进行培训。其主要原因就是学校在人才培养过程中产生了花盆效应,如在课程设置上只考虑到学科的完整性,忽略了与社会实践生产接轨,实验实践教学环节以验证性、重复性实验为主,学生缺乏解决实践问题,特别是复杂工程问题的能力。

(三) 利益相关者理论

利益相关者理论是 20 世纪 60 年代在西方国家发展起来的一种公司治理理念,由斯坦

---

① 周文娟. 大数据时代外语教育理念与方法的探索与发现[M]. 上海: 上海交通大学出版社, 2014: 77.

福研究所于 1963 年首次提出。1984 年，弗里曼在《战略管理：利益相关者管理的分析方法》一书中确立了利益相关者理论，他指出，利益相关者是能够影响一个组织目标的实现，或受到一个组织实现其目标过程影响的人[①]。这一理论的支持者认为，企业组织的发展离不开各方面利益相关者的支持和投入。这些利益相关者也是构成企业的重要部分，有权分享权益，当然也承担着风险。美国学者罗索夫斯基是最早将利益相关者理论引入高等教育领域的人。他在《美国校园文化——学生、教授、管理》一书中提出了"大学的拥有者"概念，并将其根据其与大学之间的重要程度分为四个层次：最重要群体、重要群体、部分拥有者和次要群体。大学利益相关者的群体划分一定程度上代表了高等教育所属的利益关系，对推进高等教育的有效治理有很大的作用[②]。

大学虽然不是公司，但是其本身承担着人才培养、社会服务、科学研究、文化传承四项职能。大学经费来源也多种多样，包括学生、国家、社会、企业行业、校友捐赠等。因此，大学也是一种典型的利益相关者组织。高校的利益获得者十分复杂，校内主体有学生、教师、行政管理人员；校外主体有学生家长、用人单位、合作单位、社区、区域社会、国家等。

有学者认为，从与利益的紧密关系来看，可以将利益相关者划分为四层：第一层是核心利益层，该层次有学生、教师和学校行政人员；第二层为重要利益层，包括校友、财政拨款者；第三层为中间利益层，包括与学校有契约关系的当事人，如科研经费提供者、贷款提供者；第四层为边缘利益层，包括当地社区和社会公众等[③]。

也有的学者从获得利益的时间关系来看，认为可以将利益相关者划分成确定型利益相关者和预期型利益相关者两类。确定型利益相关者包括学生、教师、学校、行政管理人员、用人单位、产学研合作单位等六类个体；预期型利益相关者则包括社会公众、贷款者、校友、捐赠者、家长、政府及上级主管、其他学校等七类个体[②]。

大学的利益相关者复杂多样，这与当代社会大学在社会中扮演着越来越重要的作用相关联，大学已经从当初的"师生共同体或者师生行会"演变为众多利益相关者共同拥有的社会机构，协调处理好各种利益相关者之间的关系，解决不同利益者的冲突，才更有利于大学完成自己的社会责任。

单从人才培养的角度来看，目前大学的利益相关者冲突主要表现为以下几个方面：

(1) 大学与企业的博弈。企业希望大学能够培养符合他们需求的员工，减少企业就职培训的成本。而我国大学在相当长的一段时间内都在培养学术型人才，与企业需求脱节，

① 王霞. 大学教育和社区教育的互动协同发展[M]. 北京：中国社会出版社, 2019: 78.

② 孙立新, 崔雅歌. 高等继续教育利益相关者关系分析[J]. 终身教育研究, 2019, 30(01): 55-60.

③ 陈彬. 良法与善治[M]. 武汉：华中师范大学出版社, 2018: 193.

造成了学生就业难的问题。为了解决这一问题，产生了研究型大学、教学研究型大学、教学型大学的划分。但是大学作为高等教育机构，即使是教学型大学，也不能只关注应用，而不注重学科基础。因此，在人才培养过程中，如何在加强学生学术基础、科研基础培养的同时又加强应用性培养是一个重要问题。

(2) 教师与学生的博弈。教师与学生同在核心利益层，过去人们常常把教师比作燃烧自己、照亮学生的蜡烛，只考虑到了学生的发展，而忽略了教师的发展，由此导致部分教师为了自己的利益(职称、收入等)，更愿意将时间和精力投入科研工作中，这会无形中损害学生的利益，造成教学与科研的冲突。大学除了传授基础的学科知识，还应该使学生掌握最新的前沿知识，于是当前不少高校开始探讨"科教协同"，试图将二者统一起来，通过科研和人才培养相结合，把科研的优势应用到人才培养工作上来，两者紧密结合，既促进了高校学科水平的提升，又能提高学生的素养。

除此之外，学生、教师与行政管理人员之间，社会发展期望与企业现实需求之间也都存在差异。因此，无论是政策制定还是教育实践，都应该多角度地理解教育质量内涵，寻找不同利益相关者的共性诉求。求同存异是达到高等教育质量价值平衡必不可少的要素[①]。

二、"三维四层"人才培养模式的框架设计

(一) 跨学科复合应用型人才培养模式的设计思路与方法

1. 人才培养模式的设计思路

人才培养模式的设计思路主要有以下两种：

(1) 以地方工科院校"生态位"为基础开展人才培养模式改革。高等学校的人才培养模式的规划、构建以及相关管理机制体系的运行，都要以学校在整个教育生态圈中的"生态位"为基础进行设计。要增强高等教育系统对多样化社会需要的适应性，高校就需要从服务对象出发来确定学校的使命和责任，根据自身特色与优势合理定位，坚持特色发展，实现不同类型和层次高校的协调发展和功能耦合[②]。因此，在设计人才培养模式时，一是根据自身定位明确人才培养的目标与规格，不能与研究型大学、综合型大学"撞车"而导致资源浪费；二是不能照搬研究型大学人才培养的模式和经验，以免出现"邯郸学步"的

---

① 王名扬, 秦惠民. 利益相关者诉求：高等教育质量内涵的情境化认知：基于对威斯康星大学麦迪逊分校的调查[J]. 高等教育研究, 2020, 41(04): 92-102.

② 张应强, 周钦. "双一流"建设背景下的高校分类分层建设和特色发展[J]. 大学教育科学, 2020(01): 14-21.

局面；三是要有相应配套的管理机制体系，确保人才培养体系能够顺利实施。

（2）以系统论的观点指导人才培养模式设计。高等教育本身就是一个复合的系统，里面包含了多个子系统及要素。如果只考虑某个子系统的利益，必然会导致系统的失衡。因此，要对整个人才培养系统的要素进行综合考虑，理顺内部的利益关系、支撑结构。譬如，我国目前大力推行的新工科改革，提出了"新理念、新结构、新模式、新质量、新体系"，其出发点就是优化提升整个高等工程教育系统，包括各子系统及外部环境系统，整体性、协同性、系统性地推进高等工程教育改革发展[1]。

2. 人才培养模式的设计方法

人才培养工作涉及的因素众多，要培养跨学科复合应用型人才，要有理论引导，遵循高等教育发展的规律，明确预设的目标，规划建设思路和探索培养方法。美国组织理论学者哈罗德·莱维特(Harold Leavitt)提出了菱形组织系统模型，他认为组织作为一个复杂的系统，有四个相互作用和相互关联的部分：组织结构、工作、人员、技术。任务主要指组织的目标；人员指执行任务的人；技术也包括工具；组织结构包括工作流程、制定决策的权力、沟通等[2]。借鉴菱形组织理论，可以帮助我们理清设计人才培养新模式的思路及方法。

1）明确人才培养模式构建的目标

地方院校工程应用型本科教育的培养目标应同时注重知识、素质与能力三个方面，并且能够区别于研究型大学与高职高专。在知识方面，要求学生在掌握基本原理、基础知识时，既要有一定的广度，又要有一定的深度，要达到"基础扎实、增强后劲"的要求，形成系统、扎实的理论知识体系，为可持续发展奠定坚实的基础；在能力方面，要求学生既要有较强的技术应用能力，又要有较强的创新能力，这种创新不同于科学家的创新，而是指能够应用知识进行技术创新和技术二次开发的能力；在素质方面，要求学生既要有较高的专业素养，又要有一定的非专业素养，将科学素养与人文素养相结合。这也是工程应用型本科人才高素质的体现[3]。

在充分考虑跨学科复合应用型人才培养目标的基础上，构建人才培养模式的目标在于：充分考虑人才培养的利益相关者及高校所在的生态环境，注重人才培养体系的整体性、开放性，形成多模式协同创新的格局；抓住人才培养的关键环节，注重系统内外各要素之间

---

① 李飞, 张炜, 吕正则. 高等工程教育系统的理论建构与特征分析[J]. 高等工程教育研究, 2019(05): 180-186.

② 朱建新. 地方应用型大学变革研究[D]. 杭州: 浙江大学, 2019.

③ 章跃, 朱永江. 工程应用型本科教育内涵及其人才培养模式建构[J]. 国家教育行政学院学报, 2009(07): 7-9, 39.

的耦合性，使各子系统协同工作，形成多方互动的格局。通过系统改革，突破制约复合型人才培养的内部机制障碍，充分释放学科及学术资源在人才培养过程中的活力，发挥各利益主体的汇聚作用，构建有利于跨学科复合型人才培养的环境并形成长效机制。

2) 理清组织要素之间的关系

(1) 理清教师与学生的利益关系。人才培养工作的核心利益圈是教师和学生，在人才培养工作中既要考虑学生的利益，也要考虑教师的利益，即学生和教师都能够获得成长。因此，在梳理人才培养实践过程中"物"的关系时，还要同时考虑"人"——教师和学生——二者的关系，即人才培养落实到教师和学生这两个利益相关者身上时要考虑"他们能做什么"以及"他们能获得什么"等问题。

教师是学术活动和教学活动的双重任务承担者，要实现"跨学科"，不仅要实现物的交换与共享，更重要的是实现教师之间的交流与分享。通过不同学科教师之间的合作，打造跨学科的科研教学团队，共同研究学术问题，共同培养学生，才能将"跨学科"落到实处。

按照 OBE(Outcomes-based Education，基于学习产出的教育模式)理念，学生是教学活动的中心，学生的"复合型"不仅是指知识的复合，掌握多学科的知识，更重要的是能够将不同学科的知识重新构建起新的知识结构，实现素质、能力的复合，从而成为基础知识扎实、专业知识面广、实践能力强、综合素质高的人才。

(2) 理清学科建设与人才培养的利益关系。在大学里，专业虽然承担了人才培养的职能，但是任何一所大学所培养的人才质量，都与这所大学的学科水平密切相关。可以说，高等教育的一条原理就是学科建设是专业建设的基础[①]。

学科与专业虽然紧密，但是仍然属于两个不同的范畴：学科是"科学学"的概念，它既指一个知识体系，又指一种学术制度；而专业是"社会学"的概念，它指专门学业或专门职业[②]。也有学者认为，专业其实处在学科体系与社会职业需求的交叉点上，因此一门学科可以设置若干个专业，但是一个专业不可能只涉及一个学科的知识体系，而是根据社会的需求跨越多个学科体系，这时我们将这个专业所培养的人才称为复合型人才[③]。

当前，学科建设在人才培养工作中的地位日益受到重视，而人才培养质量的高低也成为检验学科建设成果的标准之一。2016 年 4 月，教育部启动了第四轮学科评估。在这一轮学科评估中，人才培养被放在了首位，通过构建培养过程质量、在校生质量、毕业生质量三个维度的人才培养质量评价方法，引导高校全程关注人才培养质量，进一步彰显了人才培养在学科建设中的中心地位。

---

① 冯向东. 学科、专业建设与人才培养[J]. 高等教育研究, 2002(03):67-71.
② 周光礼. "双一流"建设中的学术突破: 论大学学科、专业、课程一体化建设[J]. 教育研究, 2016, 37(05): 72-76.
③ 同①。

复合型人才的内涵包括专业复合、能力复合、素质复合以及创新精神四个方面。能力复合不能仅靠课堂教学完成,更多地要在实践中提升。交叉学科在教学和科研活动中具备实践性、复杂性、知识突变性、开放性、实用性、综合性和创新性等特点。这些特点正是复合型人才培养所需要的,而复合型人才又能够促进交叉学科建设的发展和完善,同时能够有效服务于复杂多变的社会实践活动①。以学科建设引领培养复合型人才有利于将人才培养建立在较宽厚的基础和较开阔的学术视野之上,有利于培养理论基础厚、综合能力强、人文修养底蕴深厚的复合型人才②。

3) 寻找人才培养技术路线上的突破

学科建设与人才培养是高等教育中既有联系又有区别的两个子系统,跨学科复合型人才涉及学科、专业与课程这三大要素的关系问题。从定义上看,学科是涵盖相关学术领域的知识体系,也是从事教学研究的学术组织;而专业则是基本的教育单位,由确定的培养目标、课程体系以及通过教学活动联系起来的教育者和学习者所构成③。三者在理论上存在内在统一性,如学科是专业的基础,而专业又由一定的课程所构成。学科的成果主要是发明专利、著作报告,要通过转化为课程内容才能作用于人才培养。但是,在实践操作中人们往往把学科视为科研领域,归属于研究生教育;将专业与课程视为教学领域,归属于本科生教育。总体而言,学科在本科人才培养工作中的作用被忽略了。

我国学者周光礼认为,大学构成的要素是多种多样的,有管理层面、制度层面,还有生产层面。大学的生产单位是围绕学科建立的,其技术核心是教学与科研,其产品是专业与课程。对大学来说,所谓技术突破,是指学术突破,特指大学在学科平台上如何创造性地开展教学与科研活动。技术突破的关键是学科、专业、课程一体化建设,基础是学科建设④。

要充分发挥学科建设在人才培养工作中的作用,就要系统分析学科建设系统与人才培养系统这两个系统中包括的要素、要素的功能以及要素之间的相互作用,促进子系统之间物质、能量与信息的流动,进而实现学科建设系统与人才培养系统的协同效应。

有学者将学科建设的实践要素与人才培养活动的实践要素进行了划分⑤,并且认为二者在本质上都是以知识为载体的学术活动,实践要素之间存在着关联性(见图 2-1)。

---

① 赵毅博, 高娜. 基于交叉学科教育视角的复合型人才培养研究[J]. 长春工程学院学报(社会科学版), 2017, 18(03): 97-101.

② 李培凤, 王生钰. 跨学科人才培养模式案例分析[J]. 国家教育行政学院学报, 2004(01): 91-95.

③ 王雪梅, 邓世平. 基于概念辨析的"一流外语学科"与"一流外语专业"建设[J]. 外语教学, 2021, 42(01): 5-9.

④ 周光礼. "双一流"建设中的学术突破: 论大学学科、专业、课程一体化建设[J]. 教育研究, 2016, 37(05): 72-76.

⑤ 彭迪云. "双一流"目标导向下学科建设与一流人才培养的协同[EB/OL]. [2019-12-07]. http://news.ncu.edu.cn/ndyw/d90c80df0fbb4b168aab8391dff412c7.htm.

图 2-1　学科建设与人才培养实践过程关系

因此，系统把握好学科、课程、专业之间的内在关系，将学科、课程、专业视为一个具有内在逻辑关系的完整链条[①]，以学科建设为引领，以课程建设为桥梁，以专业建设为依托和载体，确立专业建设与学科发展的关联机制，构建学科—课程—专业一体化的"生态共同体"是实现跨学科复合应用型人才培养的重要路径。

4)　构建人才培养体系框架新结构

综上所述，为了培养跨学科复合应用型人才，应改变传统院校学科与专业分离、院系管理分离的状况，构建人才培养体系新框架。该框架以跨学科复合应用型人才知识、素质、能力培养为目标，主要由三个维度及四个层面组成，如图 2-2 所示。

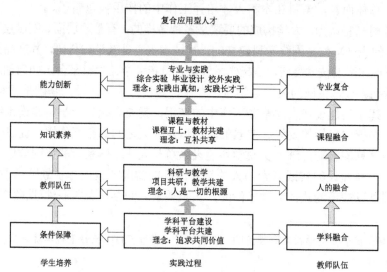

图 2-2　"三维四层"人才培养模式框架

① 林杰, 洪晓楠. 论一流学科建设与一流本科教育的耦合整生: 基于学科、课程、专业一体化的视角[J].
　教育科学, 2019, 35(05):61-66.

由图 2-2 可知：

第一个维度是学生培养。实践过程的最终目的是促进学生成长，因此要从学生的角度去考察模式的搭建。

第二个维度是实践过程。学生的培养要通过教学实践来完成，教学实践是影响过程，同时也是教学改革的对象。

第三个维度是教师团队。教师是学生培养的实施者，因此教师是落实学科—课程—专业一体化的有效支撑，打造一支多学科融合型的教师团队是复合应用型人才培养工作的核心。

学生培养、实践过程、教师团队这三个维度是相互影响、相互关联的，总共可以分为相互关联的四个层面。

第一个层面，即学科平台建设层面。在追求共同价值理念的指导下，在实践过程中开展学科平台共建，实现不同学科共同价值与共同利益最大化，为培养学生提供了条件保障，同时也为不同学科教师团队的融合提供了合作平台。

第二个层面，即科研与教学层面。人是一切活动的主体，也是一切问题的根源。在实践过程中通过科研项目共研、教学共建实现教学与科研利益共同化，团队之间利益共同化，从而在教师维度实现人的融合，为学生培养打造一支融合型的教师团队。

第三个层面，即课程与教材层面。不同学科各有所长，各有所短，在"互补共享"理念的指导下，通过在教学实践中课程互上、教材共建，促进教师维度课程建设工作的融合，在学生维度实现学生知识素质的复合。

第四个层面，即专业与实践层面。实践出真知，知识只有在实践中运用才能真正为个体所掌握。在实践过程维度，通过改革实验课内容、课外实践活动以及毕业设计等内容，实现多专业实践教学的融合，在学生维度实现学生能力创新的复合。

(二) "三维四层"人才培养模式的内涵分析

"三维四层"跨学科复合应用型人才培养模式是指以教师和学生共同参与的人才培养实践过程为基本框架，以提升学生综合知识、素质、能力为目标，以学科平台为基础，以教师团队为纽带，通过将人才培养过程中各要素有机衔接，使得跨学科复合应用型人才培养落实到实践过程的每一个环节，形成良性互动的系统。

1. 以学科建设服务学科融合，为培养跨学科复合应用型人才提供条件保障

学科建设的工作内容繁多，但其基础性工作主要包括三个方面：方向、队伍和平台[①]。其中，人是活动的主体，而平台则是学科建设的依托。学科平台并不只是简单的一间实验室或是研究基地这样的物质平台，其本质应是以重点学科、实验室、人文社科研究基地和

---

① 瞿振元. 刍议学科建设历史、现状与发展思路[J]. 中国高教研究,2020(11):7-12.

工程技术(研究)中心等重点建设项目为核心，开展相关高水平研究，以此汇聚与培养优秀学科专家，开展学术交流与合作，进而培养高层次人才，提供高质量的社会服务①。优质的学科平台能为学科队伍建设和人才培养质量的提升提供基本的保障。

在现代社会中，社会、经济、科技等领域面临的大多是综合性、复杂性问题，需要不同学科领域的科研人员共同参与、合作研究。据统计，在1901至2008年间，自然科学类诺贝尔奖(物理学、化学、生理学或医学奖三项)中有52%属于学科交叉的研究成果，在各个被统计的时间段中，学科交叉的研究成果占获奖总数的比例一直呈上升趋势②。不同学科领域之间的交叉与融合已成为当今世界科学发展的主要趋势，而教师开展跨学科研究与培养跨学科复合应用型人才都需要相应的软硬件平台。

学科平台拥有先进的学科资源，能够为不同学科、不同领域的研究者进行教学和科研提供共享共用平台，是跨学科研究的基础。通过合作研究高水平项目，实现对场地、设备和人员等资源的有效整合与协调，集开放性、共享型、经济性于一体，在共享共用的同时也实现了不同学科队伍的合作与交流。可以说，学科平台天然成为不同学科交叉、融合的结合带③。

除了有利于人力、物力、知识方面的交流与合作外，学科平台共享更重要的是营造了一种学科融合的良好氛围，使得"学科融合"的理念能够深度融入参与者的研究理念、价值标准、思维方式、科研范式等方面。可以说，学科平台融合是复合型人才的基础，通过建设跨学科的科研平台，推动不同学科领域的多维深度合作，在这个基础上实现知识共享、团队合作以及信息交流，有利于不同学科之间在知识创新和人才培养方面协同作战，动态融合，进而成为复合应用型人才培养的条件保障。

2. 以共研共建实现教师团队的融合，为培养跨学科复合应用型人才打造带"核"教师团队

教师是人才培养活动的主要承担者，培养跨学科复合应用型人才自然需要教师既要有丰厚扎实的本学科功底，又要涉猎相关学科，同时具备高水平的综合素质与实践能力。只有这样的教师队伍才能支撑起复合应用型人才培养的重担。但是从目前我国高校的现状来看，教师本身就是从细化分科的专业教育中培养出来的，对其他学科的知识缺乏了解，而且地方高校师资力量薄弱，缺乏领军型、大师型人才，教师个人的知识体系难以支撑起培养复合型人才的目标。与此同时，地方高校的教学组织也多以教研室为单位，基本是由同

---

① 张明光，李家祥，陈惠宁. 地方高校学科平台建设探析[J]. 中国高校科技, 2013(06): 37-39.

② 胥秋. 学科融合视角下的大学组织变革[J]. 高等教育研究, 2010, 31(07): 20-27.

③ 周宏敏，熊文，陈伟，等. "双一流"背景下的一流学科平台建设思考[J]. 实验技术与管理, 2018, 35(03): 23-24, 28.

一学科或相似学术背景的教师组成，不同学科之间的教师交流机会有限，在不同学科之间的"迁徙"也受到限制。因此，如果不解决好师资队伍这个问题，"复合型人才培养"就只能停留在概念的层面。

戴维斯教授认为，教师成员在一个领域接受了系统的训练，习惯于在自己的专业中发展课程，相当于固守自己的"学术部落"或"学术领土"。只有在团队教学的压力下才能使教师走出自己的专业知识领域[①]。因此，要实现跨学科研究与教学的任务，除了开展相关的教师个人培训外，更有效的渠道是建设跨学科教学科研团队。通过人的融合，将不同学科的教师汇聚在一起，沟通信息，相互指导，才能帮助教师，或者督促教师从个人舒适区里跳出来，拓宽思路，拓展知识，提升能力，从而有效地推动各学科之间的交叉融合与集成发展。

培养跨学科复合应用型人才必须要改革教师基层教学组织结构。整合专业内外人才培养资源，组建跨学科教学科研团队，实现协同育人，是跨学科复合应用型人才培养的重要支撑。早在2010年颁布的《国家中长期教育改革和发展规划纲要(2010—2020年)》中就提出，促进高校、科研院所、企业科技教育资源共享，推动高校创新组织模式，培育跨学科、跨领域的科研与教学相结合的团队，促进科研与教学互动、与创新人才培养相结合。

构建跨学科团队不能只有"壳"，还必须要有"核"，而这个"核"就是共建的科研(教学)项目。不同学科或子学科的教师们聚在一起设计一个项目，这个项目就是多学科项目。如果这个教师群组力求用不同学科方法和技巧来解释项目，那么这就是一个跨学科学习项目，以这种方法获得的知识就可以称为跨学科知识[①]。由此可见，跨学科合作的本质其实是项目合作，只有通过共建项目才能产生真正的合作团队。

通过在不同学科边界开展交叉学科研究，完成某个需要多学科支持的技术攻关项目，有助于不同学科背景的研究者进行有效的知识沟通交流，从而产生创新思路。这既是科研项目合作，也是当前我国跨学科团队常见的合作方式。但是培养跨学科复合应用型人才不仅要开展科研项目的合作，同时还要开展教学共建。教学共建的范畴包括三个方面：一是共同设置跨学科领域的课程体系。根据复合型人才培养目标、社会职业需求设置多学科融合的专业课程体系，即我们通常所说的人才培养方案，这个方案不是一种简单的"拼盘"，而是由学科专家、用人单位经过共同商议后形成的完整的、科学的、有序的课程体系。二是开设跨学科融合课程。课程建设是学科建设与专业建设之间的媒质。学科建设对于本科教育来说最重要的是提供高质量的课程，学科建设成果可转化为课程内容、教材、实验项目。应通过开设涉及不同学科的课程，由不同学科团队的教师共同担任主讲教师，共同开

---

① 李佳敏. 跨界与融合[D]. 上海：华东师范大学，2014.

展课程教学建设。三是将科研过程转化为教学过程，如设立科教协同项目、大学生创新性
实验项目，吸纳本科生参与跨学科研究项目替代实践性课程的学习。当学生参与到教师的
课题中时，科研平台就可以转化为教学资源，教师做科研的过程就会转化为育人的过程，
这样就把学科建设与本科人才培养结合了起来[①]。

3. 以课程互上、教材共建实现课程融合，实现学生的知识素质复合

跨学科复合应用型人才最大的特征就是多学科知识的融合。跨学科教育实施者是任课
教师，教学团队的共建解决了师资队伍的问题。学生的知识主要来源于人才培养方案中的
各门课程，因此跨学科复合应用型人才培养工作最终都要"落地"到课程建设上来。课程
改革是跨学科复合应用型人才培养模式的核心和落脚点[②]。以往高校解决跨学科复合应用
型人才培养问题采用的最简单的方法就是增开课程，把不同学科的课程汇聚在一起，学生
把各门学科的知识都了解一点、掌握一点，到最后就被称为"复合型人才"。这样造成最大
的问题就是学生学习的知识是零散的，就像"聚沙成塔"一般，虽然不断"堆积"，但都只
是零散地存于学生的记忆中。按照怀特海的说法，这种没有融入已有认知结构的零碎化知
识是一种"无活力知识"，而无活力知识对于实际生活以及工作的作用是十分有限的[③]。

合理的知识结构应该具有完整性、有序性、有机性和创新性[④]。完整性是指以主干学
科知识为主，同时掌握相关学科的信息。但是光有完整性是不够的，这些知识应该是有序
的，不能是杂乱无章的，也就是说学生要能把握这些知识之间的联系，在自己的头脑中重
新整合起属于自己的知识结构，实现知识的"同化"或者"顺应"；在建构起知识结构的基
础上，这些知识就成为"活水"，彼此之间可以相互支撑，即学生可以灵活运用不同学科的
知识去解决同一个复杂问题，这样就形成了复合型知识。在知识流动与融通的基础上，很
有可能就会衍生新的知识领域，实现知识的创新。比如，现在人们经常提到的"生物医学
工程"就是结合物理、化学、数学和计算机与工程学科知识交汇、融合的产物。

整合的知识结构需要设置基于学科整合的跨学科课程——整合课程来实现。所谓整合
课程，是指在一门课程中融入不同学科的知识、理论、技术，并能用来分析解决具体问题。
这一模式能让学生加深对知识的联系和运用，提高分析和解决问题的能力[⑤]。整合课程不

① 黄达人, 王旭初. 组织建设视角下的学科建设[J]. 中国高等教育, 2019(22): 18-20.

② 吴向明, 余红娜, 陈春根. 跨学科复合型人才培养模式的比较及其启示[J]. 浙江工业大学学报(社会科学版), 2008, 7(04): 396-399, 425.

③ 石中英. 教育哲学的责任与追求[M]. 合肥: 安徽教育出版社, 2007: 201.

④ 陆士桢, 徐莉. 青年职业生涯管理辅导[M]. 北京: 中国青年出版社, 2007: 71.

⑤ 章云, 李丽娟, 杨文斌, 等. 新工科多专业融合培养模式的构建与实践[J]. 高等工程教育研究, 2019(02): 50-56.

仅是指与"分科课程"相对应的一种课程形态，同时也可指一种课程设计和实施的方式。我国学者郭元祥认为，"课程整合"是与"课程分化"相对的一种课程设计与实施的理念和战略，可以将"课程整合"视为"课程一体化"，也就是把不同学科的课程或学习科目，以及特定的一系列学习活动紧密联结在一起，构成具有整体效应的课程结构①。所谓"特定一系列"学习活动不仅是指课堂学习，同时还包括多种学习模式，如项目式学习、探究式学习等。通过设定某个与真实世界相关的问题或项目，使学生在解决问题的过程中充分运用多学科的知识，从而建构新的知识结构，掌握解决问题的方法。

整合课程的设计与实施需要多学科教学团队的共同努力，从课程设计、课程实施到课程评价环节都能协同工作。在课程设计阶段，各个学科的教师应明确整合的目标，做好顶层设计，协商课程的模块或者是项目的主题，如果是分模块授课，应确定好每个模块的负责人，同时组织撰写教学大纲、教案并开展集体备课。在课程实施阶段，各学科的教师除了传授多学科的知识外，更重要的是要在思想观念、思维方式、研究方法等深层次打破学生旧有的习惯与模式。同时，各学科教师应定期组织交流研讨会，加强协调和沟通。在课程评价阶段，应做好反思与总结，及时整合课程的目标、内容、实施过程进行凝炼与总结，对于填补当前跨学科领域空白的还可以共同出版教材，实现"课程互上，教材共建"。

4. 以多专业实践融合促进专业复合，实现学生的能力创新复合

在很长一段时间内，工科人才的能力培养主要局限于所学专业领域内的专门技能的培养，对"能力"二字的理解过于狭窄。而在新工业革命背景下，新工科人才除了必要的知识与品格外，还要有不同专业的能力。专业能力是敲门砖，但仅拥有专业能力是不够的，要能够应对复杂多样的社会环境和实际问题，需要具备多样化、融合性能力，通过建立更加多样化和个性化的工程教育培养模式，培养学生创新创业和跨界整合能力②。

能力的培养以知识为基础，要培养跨学科的能力就必须要有跨学科知识储备。这些不同学科的知识只有在大脑中实现有序性、结构化的知识结构，才能为人所用，才能转化为"能力"。根据现代认知心理学的研究，知识结构只有在问题解决(思维)过程中才得以建构和发展，特定的知识结构是否形成也必须要经过思维过程检验，即学习者是否可以在特定知识领域表现出与预期的知识结构相对应的思维结构③。灌输式教学可以使学生获得知识，但是并不能帮助学生建构知识。知识的建构来源于问题的解决，特别是要将不同学科的知识重新组合、建构，基于问题解决的实践过程是必不可少的。

---

① 黄志红. 课程整合的历史与个案研究[M]. 广州：广东高等教育出版社，2013: 71.

② 叶民，孔寒冰，张炜. 新工科：从理念到行动[J]. 高等工程教育研究，2018(01): 24-31.

③ 冯友梅，颜士刚，李艺. 从知识到素养：聚焦知识的整体人培养何以可能[J]. 电化教育研究，2021, 42(02): 5-10, 24.

以问题解决为学习方式，学生经历的是一种解决问题的创造性实践过程。在这一过程中，学生不仅能学到相关的知识，同时也能习得解决问题的思维、策略，增强跨学科能力。这种基于问题的学习效果已得到学者的研究论证①。因此，以解决问题为中心，尤其是以解决跨学科问题为中心开展实践教学是地方工科院校培养复合应用型人才的关键所在。

实践是工程的本质，是创新的基础，能够促进多学科交叉融合。实践教育教学是多学科交叉融合的最有效形式。其原因在于实践教育教学活动是围绕实践项目展开的，这些项目往往涉及多个学科和专业，需要综合运用多门学科的知识、理论、方法和技术，这就为那些原本可能相对独立、互不关联的不同学科专业之间建立起联系和交叉的桥梁②。

因此，地方工科院校应从课内课外、校内校外、理论实践等方面进行改革，在内容层面，要将工程实践问题、社会实际问题转化为实验实践教学项目，融入教学实践环节；在操作层面，要以学科平台为基础，实现跨学科、跨专业、跨学院合作；在师资方面，组建跨学科教学团队，开展对学生的指导，在此基础上形成多学科融合的实践教学体系，提升跨学科复合应用型人才的实践动手与创新能力。

在课内实验教学环节，可以采取基础实验教学和项目式教学相结合的方式。基础实验教学重在训练学生实验规范、掌握基本技能，提高动手能力；项目式教学则是将基础实验的基本理论知识与生产生活中的问题相结合，转化为适合本科生水平的项目，引导学生提出问题、解决问题，从而使学生在掌握理论知识的基础上提高创新能力、实践能力和协作能力③。

在课外实践环节，发挥学科平台人才培养效能，以教师科研项目为创新载体，实行本科生"三早"制度，即早进团队、早进实验室、早进课题，助推学生参与前沿的科学研究。科研项目是教师开展科学研究的载体，科研工作是一种创新活动，通过建立多样化的科研项目参与机制，实施本科生跨学科导师制，引导学生参与科研活动，增加教师与学生互动的有效时间，这既是立德树人的具体体现，也是高校培养创新人才的重要方式。本科生参与科研不仅可以养成良好的研究习惯，掌握有效的科研方法，更重要的是在参与研究的过程养成良好的科学素养，如独立思考、百折不挠、批判创新等品质，而科学素养是创新型人才培养的核心要素，是培养学生创新意识、创新精神和创新能力等的重要途径④。

毕业设计是整个实践教育教学体系中集成化培养的关键环节，也是学生面向社会、走

---

① 张庆君. 高校复合型人才培养变革：逻辑、实践与反思[J]. 现代教育管理, 2020(04): 47-53.

② 林健. 多学科交叉融合的新生工科专业建设[J]. 高等工程教育研究, 2018(01): 32-45.

③ 郭雪峰. 项目驱动式教学的理论与实践[J]. 和田师范专科学校学报, 2010, 29(5): 59-60.

④ 中华人民共和国教育部. 教育部等六部门关于实施基础学科拔尖学生培养计划 2.0 的意见[教高[2018]8号][Z]. [2018-10-08]. 360A08-07-2018-0022-1.

向科学应用的一次集中训练。从跨学科的角度出发，突破专业限制，引入工程实践问题开展毕业设计是多学科交叉教学的延伸①。培养跨学科复合应用型人才应采取导师小组集体指导的方式。每个导师都有自己的研究方向，由不同学科、不同领域的导师组成跨学科指导小组，在选题时共同制订联合毕业设计的研究方向或题目，在指导学生的过程中，拓宽学生的研究视野，帮学生从不同学科的思维角度出发分析问题，使学生掌握多学科的理论知识与实践技能。充分发挥学科交叉指导团队的力量，对跨学科复合应用型人才的培养具有重要的作用。

(三) "三维四层"人才培养模式的主要特征

"三维四层"人才培养模式的主要特征有以下两个方面：

(1) 在现有专业建制的基础上建立跨学科复合应用型人才培养的体制机制。以学科为基础划分和设置院系是我国高校教学组织的主要方式。"三维四层"从学科平台共建出发，以教师团队建设为纽带，把握住"人的融合"是专业融合的关键，通过建设跨学科教学团队，借助项目共研、课程共上、教材共建、毕设共带等形式将复合应用型人才培养落在实践过程的每一个环节。打破现有专业壁垒，推进教学资源共享，消除、淡化学科专业色彩，以培养学生的综合素养。

(2) 注重综合深化，促进学生理论知识、实践能力与综合素质的有机融合。跨学科复合应用型人才不仅指学生能掌握多个学科的知识，同时还要具备解决复杂工程问题的能力以及综合素质。"三维四层"模式在"平台共建""团队融合"的基础上，不仅在理论课程上强调共建，同时也注重对学生综合实践能力的培养。将工程实践项目引入教学过程中，使学生在实际项目中建构起自己的知识结构，从而形成专业综合实践能力。

三、"三维四层"人才培养模式的动力机制

动力是推动事物运动和发展的力量，而动力机制则是指事物发展过程中各种动力的作用原理、传导过程与内在联系，其本质是揭示事物各部分如何通过相互作用以实现整体最优化的运作方式。不同利益主体的利益诉求构成动力源，这些动力源再形成引力、压力、推力等二级机制，通过彼此相互间的影响与博弈，最终耦合为场力②。

推动高等教育改革有三大主体力量：一是政治力量，代表执政党和国家集体意志；二

---

① 李鸣铎，曾凯，汪金花，等. 多学科交叉毕业设计模式研究[J]. 华北理工大学学报(社会科学版)，2021，21(01): 102-105, 117.

② 周碧琼，曹石珠，黄敏. 应用型本科院校产教融合动力机制探析[J]. 湘南学院学报，2020, 41(06): 102-106.

是经济力量，代表着作为人才消费者的企业以及作为个体消费者的学生及其家长的意愿；三是学术力量，代表着高校内部掌握着高深知识和从事高深学问研究的专家、学者和广大教师群体①。这三种力量相互作用、相互影响，构成了高等教育改革的动力机制。

在本书第一章的分析中已经得出，当前国家(政治力量)以及企业(经济力量)都对培养跨学科复合应用型人才有着相同的诉求，并且国家还制定了相关的政策进行推动，这些都是有力的外部动力源。虽然国家、企业为推进复合应用型人才培养体系作出了要求与推动，但实际上高校内部的回应并不积极，没有形成相应的动力机制，以至于人才培养模式改革在预期目标与实际效果之间还存在一定差距。

大学动力机制的基本功能在于激发学校内部不同利益主体的利益动机，并将这种动机转化为实现大学管理目标的推动力②。因此，高校跨学科复合应用型人才培养的内部动力机制是指在人才培养活动中，协调人才培养核心利益相关者，包括教师、学生和教学管理者之间的利益关系，使得人才培养驱动力、催化力、保障力等资源要素均衡发展，相互协同完成人才培养目标，以达到各利益相关者共同发展的双赢效果。简而言之，要让教师和学生主动参与到人才培养模式的改革工作中来，就必须要让教师和学生双方都能成为获益者。

科研机构和大学均属于知识型组织，而人是组织的基础资源，人的创造力是组织核心竞争力所在，因此组织运行的关键在于队伍建设和调动人的积极性③。人的积极性来源于个体利益的获得，这种利益不仅指经济利益，同时也指个体获得的成长，如成就感、自我实现的需求得到满足等。尤其是对于高校教师而言，高层次需求的实现对个体有着更强大的激励作用。因此，通过制度设计将个体发展需求与组织发展愿景有机结合，充分激发个体积极主动性和创造性，在完成组织目标的同时，使得个体自身获得充分发展④。

(一) 以"双赢制度"夯实"三维四层"模式基础

1. 学科建设与教师个人发展"双赢"

在现实生活中，影响博士或硕士等高水平人才流动的因素，除了物质条件，还有高校的学科发展水平。大学教师与中小学教师的不同之处在于，大学教师不仅是教育专家，同

① 王少媛. 我国高等教育改革动力机制解析与重构[J]. 中国高教研究, 2019(07): 56-62.

② 罗占收. 高校内部协同创新的动力机制研究: 基于"2011 计划"背景[J]. 中国科技论坛, 2016 (10) : 11-17.

③ 刘继安, 盛晓光. 科教融合的动力机制、治理困境与突破路径: 基于中国科学院大学案例的分析[J]. 中国高教研究, 2020(11): 26-30.

④ 张杰. 推进以人为本的制度激励构建现代大学治理体系[J]. 中国高等教育, 2014(22).

时也是其所教授学科领域内的学科专家。一个优秀的学者虽然不一定是优秀的大学教师，但是一个优秀的大学教师必须是一个优秀的学者。因此，教师参与学科建设也是个人成长的重要路径。我国学者别敦荣认为，大学里面教师的发展有两种模式：一是自然发展，即教师自己单打独斗；二是有组织地发展，教师组成各种学科团队，个人在其中扮演不同的角色，发挥不同的作用，实现教师个人发展与学科发展相统一。很显然，学科建设不仅有助于教师找准个人学科方向，更有助于教师从新手型教师向专家型教师转变[①]。二级学院应制订与学科发展规模相适应的师资队伍建设规划，积极搭建平台给教师施展才华，即通过"事业留人"来促进教师自身发展，做好前期培养、稳定、管理、考核等环节的管理制度，为教师发展创造良好的教学科研条件和学术研究环境。

2. 教师与学生发展"双赢"

作为生活于现实社会中的人，教师也会考虑自己的切身利益，包括物质的利益和个人的职业发展。心理学家马斯洛提出的"需要层次理论"认为，个体的需求是从低级到高级，包括"生理的需要""安全的需要""归属与爱的需要""尊重的需要""自我实现的需要"五个等级。教师作为高级知识分子更注重"自我实现"的需要。因此，人才培养过程不仅是学生成长的过程，也应该成为教师自我实现的过程。高校要确保教师履行培养跨学科复合应用型人才的职能，一方面要加强师德师风教育，引导教师主动投身于改革教育教学方法的实践中；另一方面还要进行制度创新和改造，建立有效的激励机制，使得教师有激情、有毅力投入到人才培养模式改革工作中。

(二) 以"倒逼机制"推进"三维四层"模式的实施

要有效激发人才培养模式改革的活力，不仅要有激励措施，还要适当运用"倒逼机制"，即通过政策制度，对教师和学生形成一定的外部压力，促进所有参与人员积极投身到此项改革工作中。

倒逼机制本是一个经济学术语。所谓倒逼机制，就是以责任落实、问题解决、目标实现为强有力的约束，引导改革方向，规范改革措施，推动改革不断深化。正如习近平主席所指出的，"改革是由问题倒逼而产生，又在不断解决问题中得以深化。""倒逼机制"具有明显的主动性，与改革顶层设计和宏观规划相适应并通常以自我加压的形式出现[②]。我国企业对工程教育改革的需求由来已久，此前教育部实施的"卓越工程师计划"对工程专业改革产生了一定的影响，如加强了校企合作、增加了学生实践教学的时间与内

---

① 别敦荣. 学科建设与人才培养[J]. 大学与学科, 2020, 1(01): 37-40.

② 李友梅. 大家手笔：谈谈改革开放中的倒逼机制[EB/OL]. [2018-10-24]. http://theory.people.com.cn/n1/2018/1024/c40531-30358834.html.

容等。2016 年，我国正式加入国际工程教育《华盛顿协议》组织，全国各工科专业顿时倍感压力，毕竟只有通过工程教育专业认证才能进入"工程教育的第一方阵"。学校在参与工程教育专业认证的过程中，通过主动对标中国工程教育专业认证标准要求，发现人才培养目标、课程体系、课堂教学方法、评价机制、条件保障等方面存在的问题，并积极着手解决。特别是《中国工程教育专业认证通用标准》中提出的有关复合应用型人才培养的要求，实质上是对各工程专业都提出了要求，以评价"倒逼"教育改革。因此，积极推进工程教育专业认证，通过"以评促改"，建立持续改进的质量文化是推动人才培养模式改革的有效动力。

(三) 以"质量文化"保障"三维四层"模式稳定运行

"质量文化"理念来源于工商管理领域，其在企业质量管理中所发挥的重要作用已被广泛承认并受到高度重视。我国于 2015 年出版了《企业质量文化建设指南》(GB/T 32230—2015)，正式对企业质量文化建设的基础、工作框架及工作过程和事项给予了规范性指导。2018 年，在新时代全国高等学校本科教育工作会议上，教育部部长陈宝生强调，"大学要自觉地建立学生中心、产出导向、持续改进的自省、自律、自纠的质量文化。"质量文化是在对质量管理技术运用的基础上，关注和强调个体以及群体在追求质量过程中体现出的信念、态度、情感和能力等文化心理要素[①]。

在组织目标实现过程中，"制度"与"文化"存在具有互补性，彼此职能也存在相互覆盖的现象，是组织发展的两股驱动力[②]。教育属于"良心活"，一个教师上 45 分钟的课，可以用一天时间来备课，也可以用一周时间来备课，难以有很准确的时间和空间界限，也难以有准确量化的质量标准，更难以用制度时时刻刻地监督，因此，很大程度上要凭教师的自觉性、责任感、荣誉感来激励和约束自己。质量监控体系构建者一方面应从顶层设计出发，针对人才培养的全过程来设计教学规范和关键监控点，以考核标准为导向，建立完整、规范的教学管理制度；另一方面要在物质、制度、精神等层面塑造学校的质量文化，以此培育教师对学校质量文化的认同感。共识与共情是实现文化认同的基础，这种认识与情感不能只是针对当下的学校管理工作，其核心应是共同愿景的建立。学校要构建自己的整体发展规划，特别是要有科学准确的办学目标与办学定位，各个学科也要明确自己的发展方向，形成具有自身优势的办学优势与特色，并将办学特色嵌入大学质量监控工作之中，使得教学管理具有"生命感"，才能充分激发教师的共识与共情，进而塑造共同的情感与价值观。

① 高飞. 欧洲高校质量文化的生成要素[J]. 高教发展与评估, 2015(5): 8-14.
② 李久生. 大学管理：制度建设抑或文化营造[J]. 湖北社会科学, 2017(7): 173-179.

第二节　"三维四层"模式对现有跨学科复合应用型

人才培养困境的破解

随着社会经济、科学技术、职业分工的不断变迁，社会对跨学科复合应用型人才的需求日益迫切，高校也在多年的人才培养实践中形成了多种途径的人才培养方式。桂林电子科技大学所构建的"三维四层"人才培养模式是基于地方工科院校教育教学实践工作出发，针对困扰地方高校复合应用型人才培养的主要问题探索出的一套人才模式。

一、把握培养目标，解决跨学科复合应用型人才培养"难接地气"的问题

我国大学现行的体制是以学科为单位，进行学院及专业的划分，学生分属于不同的学科专业，各个学院各自为政。为了破除学科及院系的桎梏，一些"985"院校或者综合性大学通过设立"实验班""精英班"等模式开展跨学科复合应用型人才培养，比如北京大学的"元培学院"、浙江大学"竺可桢学院"等。但是打破现有高校以学科为建制的做法，对学校的办学条件，如师资力量、实验设备、科研基础等要求较高。同时，研究型大学在跨学科复合应用型人才培养方面有着天然的优势，如学科门类齐全、教学科研设备先进、名家大师云集等，并且学生的综合素质也比较高，能够接受大幅度的学科跨越以及高层次的科研训练。对此有学者认为，"跨学科人才培养模式是适应研究型大学的优秀学生而建构的……这种高强度、大容量的学习也许符合研究型大学优秀学生的学习需要，但对于同一层次高等学校的普通学生来说，可能成为沉重的负担，甚至研究型大学经过精心选拔的优秀学生在试验班中也有出现不堪忍受重负，中途退出的事件①。"

反观地方工科院校，在师资队伍、设备条件、生源质量等方面都无法与研究型大学媲美，自然不能生搬硬抄他们的培养模式。因此，要解决复合应用型人才培养的问题，首先要明确培养跨学科复合应用型人才培养的目标，在此基础上才能明确地构建起"接地气"的人才培养模式。

要培养出优秀的跨学科复合应用型人才，首先必须要明确跨学科复合应用型人才的培养目标，也就是地方工科院校培养跨学科复合应用型人才要解决什么样的问题。《促进跨学科研究》一书指出，跨学科的研究与教育是受复杂问题的解决需求驱动而产生的，这种复

① 李培凤，王生钰. 跨学科人才培养模式案例分析[J]. 国家教育行政学院学报，2004(01)：91-95.

杂性问题可能来自科学好奇心，也可能来自社会①。科学的好奇心往往来自研究人员、科学家对事物规律的兴趣，而地方院校培养的学生更多的是面临来自社会的复杂问题，也就是我们通常所说的工程实践问题。因此，对于地方工科院校而言，提高学生解决复杂工程问题能力是培养复合应用型人才的方向，也是与研究型大学培养跨学科复合应用型人才的区别。

按照这个目标，地方工科院校在培养跨学科复合应用型人才时，要从三个方向入手：一是观念。要注重引导学生遇到实践问题时不能只从自己专业出发，而是综合思考多个方面的问题，如环境(是否会有污染)、经济(工程的造价)、人际(各个合作方的沟通)等问题。二是知识。要有能够解决这些工程知识的相关领域学科知识，即使是自身的知识储备不足以解决这些问题，但是也应该能够知道解决问题的方向以及有效地寻求合作伙伴。三是理论与实践相结合。只强调实践动手能力是高职高专的人才培养层次，作为大学培养的跨学科复合应用型人才要能运用工程原理对问题进行分析，将"动手能力""实践能力"建立在"基于基本原理"的层面上，也就是能实现"理论指导下的实践""理论与实践的结合"，而不是简单的动手和操作。

"三维四层"人才培养模式以学科建设为基础，从学科融合—团队融合—课程融合—实践融合这四个层次依次递进，从最基本的学科建设出发，将"跨学科"的理念融入教师和学生头脑中，在理念层次上解决了观念融合问题；注重课程与教材共建，打造跨学科的融合课程与课程团队，在理论层面上解决了知识融合问题；通过实验、实践、学科竞赛和毕业设计等课内外实践环节组织学生开展跨学科的实践应用活动，在实践层面上解决了能力融合问题。

二、把握团队共建，解决大学组织机构之间"缺和气"的问题

高等学校培养跨学科复合应用型人才最大的障碍来自组织机构之间的壁垒：垂直管理模式下各学院、系或专业各自为政，以学科为界，在人才培养目标、培养方案和师资团队等方面都具有较高的独立性。学院与学院之间的交流主要来自校级层面的促成，如工作交流会、经验介绍会等，交流的内容仅限于工作形式，时间短，融合程度低，对跨学科复合应用型人才培养所起的作用有限。组织机构的相互孤立只是形式上的，究其原因，学院的划分是以学科为基础进行的，因此组织机构的孤立实际上是学科的孤立。学生在进入高校以后就是走进了自己的"学科胡同"，与其他学科的知识"老死不相往来"，导致各类人才培养，尤其是工程教育本科人才培养环节均存在不同程度的过分专门化、过早专门化、通

---

① 朱彩平. 我国研究型大学本科生跨学科教育模式研究[D]. 广州: 华南理工大学, 2018.

识教育不足等弊端，也使得本科生知识只限于狭窄的单一学科领域①。学科的分化直接导致了教师队伍的分化，在大学里面，教师都是从属于某一学科，执教于某一专业，不同学科之间的沟通较少。

基于此，"三维四层"人才培养模式把握住两个突破口——学科共建和团队共建，在原有的行政机构形式不变的情况下推进不同学科、不同专业的合作。学院的分割源于学科的分割，"三维四层"人才培养模式以学科平台为基础，从内涵建设上打破了组织孤立的局面，为跨专业的培养奠定了可持续合作的基础；在形式上通过教学共同体的建设，如以学科平台共建为依托培育跨学科团队。高校的重点实验室、工程中心等平台是教师开展科研工作的重要载体，不仅汇聚了优质的资源，学术氛围也非常浓厚，有益于学术交流，是跨学科团队成长的沃土。通过学科共建，对现有的部分科研平台进行必要的调整，扩大科研平台的学科覆盖率，打通学科之间的壁垒，使之成为多学科联合研究机构和跨学科科研团队的孵化器，再通过多个学科的专家、学者共担重大项目为纽带，加强跨学科团队的实质性合作，就使得跨学科团队建设是实质性的而不是徒有虚名。

在这个过程中，也要加强管理制度的改革与激励机制的创新，要建立起与跨学科团队相适应的管理制度与激励机制。团队内部要制定行为规范、奖惩措施、考核评价指标体系等制度体系，保证团队成员能够围绕团队的共同目标团结协作。大学也要制定相应的外部制度，如在人事管理、岗位聘任、职称评审等方面充分考虑到跨学科团队的特殊性，对成果归属、个人荣誉等作出合理的划分及认可，为团队的发展营造良好的成长环境。

三、把握校内和校外两个维度，解决课程建设"双不足"的问题

2018年，中国教育科学研究院联合各省市教科所开展了第二轮全国高等教育满意度调查，共有来自全国31个省市的187所普通本科院校和169所高职院校参加。从调查结果看，涉及高校课程内容的方面被列入大学生特别不满意的范围，特别是高校课程的前沿性和实践性不足的状况是学生尤为不满意的地方②。

工科学生专业课前沿性不足，一直以来都是课程建设的突出问题，因为工程技术发展较快，部分专业教师本身又与工程实践脱节，导致学生对行业先进的知识与技术缺乏了解。再加上工科学生人才培养方案学分较多，虽然国家要求理工类专业的主要实践性教学环节学分占总学分比例不低于25%，但很多工科院校基本上都只是处于维持最低要求的状态，很难再往上增长，导致学生实践动手锻炼时间不足。工科院校的实践教学体系也存在着以下不足：一是实践教育教学体系中课程内容比较传统单一，特别是实验课内容往往按照理

① 陆国栋，李拓宇. 新工科建设与发展的路径思考[J]. 高等工程教育研究, 2017(03): 20-26.

② 张男星. 以OBE理念推进高校专业教育质量提升[J]. 大学教育科学, 2019(02): 11-13, 122.

论体系排列，侧重单一学科，单门实验课程安排彼此独立，内容也是单个、分散的小项目，极少有能从工程的角度对一个项目进行设计、开发，缺乏学科间相互交叉，甚至连单一学科也按分支结构进行细化[①]。二是以验证性实验为主，不仅激发不了学生的学习兴趣，也不利于培养学生开放、创新思维[②]。三是实践环节条件不足，学生实习实训走过场，与行业技术发展脱节。四是考核方法单一，学生独立思考、设计并完成实验的积极性不高。这些因素都导致地方工科院校毕业的很多学生存在以下问题：理论知识陈旧，企业的新技术、新工艺没有掌握；很多工程实践需要的法律、环境、经济、管理等学科的知识缺乏；综合素质不高，国际视野、科学与人文素养、创新思维不足；工程实践能力不强，不了解工程实践环节，动手能力较差，达不到用人单位的要求。

实际上，高校工科课程体系与实践教学体系建设改革一刻都没有停止过，但最大问题在于课程体系与实践教学体系的有机结合不够，这两个体系的建构主体很多时候不一致而且出现相互脱节的情况[③]。自"新工科"概念提出以来，对工程人才的培养实践性、综合性、经济性和创新性要求也在提升，而工程教育的重要特征之一是"动手"，与"动手"相关联的是"动口""动笔""动脑"和"动心"。"动"的过程是能力不断提升的过程，更是兴趣不断浓郁的过程[④]。

"三维四层"跨学科复合应用型人才培养模式以学科建设为基础，以教师团队融合为引领，将教师的科研项目引入课程内容，以企业的真实案例激发学生的学习兴趣，然后再由教师讲授理论知识，实现"实践到理论"，课后再给学生布置工程实践项目，由学生应用理论知识去解决实践问题，实现"理论到实践"。经过"实践—理论—实践"的过程，学生能够将理论知识与解决实践问题紧密结合。将跨学科融合问题引入实践过程，在实验项目、实践内容中融入跨学科的知识，尤其是在毕业设计阶段引入"双导师制"使学生得到多学科的引领，从思维方式、研究方法入手引导学生综合运用多学科知识去解决问题，从而提升学生解决复杂问题的能力。

① 高光华, 李新强. 对大学实验教学改革与创新人才培养的认识和思考[J]. 江南大学学报(教育科学版), 2009, 29(3): 252-253.

② 杨欣,周群.基于项目驱动的大学基础实验教学探索与研究[J].实验室科学, 2019, 22(06): 85-87.

③ 李华, 胡娜, 游振声. 新工科: 形态、内涵与方向[J]. 高等工程教育研究, 2017(04): 16-19,57.

④ 陆国栋, 李拓宇. 新工科建设与发展的路径思考[J]. 高等工程教育研究, 2017(03): 20-26.

第三章 "三维四层"跨学科复合应用型人才培养模式的实践探索

"纸上得来终觉浅,绝知此事要躬行。"上一章从理论上分析了"三维四层"跨学科复合应用型人才培养模式的框架及内涵,本章则介绍这一模式在教育实践中的运用。人才培养模式作为一个框架,在实践运用中必须与高校具体的人才培养工作相结合,因此本章融入了桂林电子科技大学电子工程与自动化学院以及生命与环境科学学院培养跨学科复合应用型人才的工作实例。

人才培养模式=目标+"过程与方式"。本章首先介绍了这两个学院所设计的人才培养目标——"环境+健康+电子技术"跨学科复合应用型人才;之后就"三维四层"中的四个层次自下而上地介绍在实践工作中的实施方法以及运用过程,包括学科建设、团队建设、教材建设、课程建设、实践教学等;最后,结合上一章"三维四层"动力机制,分析了工程教育专业认证与跨学科复合应用型人才培养的关系,并对相关管理机制的改革进行了探讨。

第一节 "环境+健康+电子技术"跨学科复合应用型人才培养背景与目标

桂林电子科技大学是一所以工为主,电子信息特色突出的地方工科院校。学校多年来积极探索发挥电子信息学科优势特色,着力培养"电子信息+"复合应用型人才。学校的电子工程与自动化学院以及生命与环境科学学院多年来在教育教学实践中联合开展人才培养工作,提出了"环境+健康+电子技术"复合应用型人才培养目标。以此人才培养目标为导向,在教育实践过程中践行"三维四层"人才培养模式。

一、"环境 + 健康 + 电子技术"跨学科复合应用型人才培养的背景

(一) 理论背景：学科交叉与新兴学科对高校人才培养的影响

19 世纪末离散学术学科的出现，迅速激发了人们对整合原则的重视。在 20 世纪，人们一直试图消除过度强调专业化可能造成的分裂①。虽然科学和社会的日益复杂使得专业化变得必要，自然学科和人文学科也经常追随科学的专业化趋势，但一味追求复杂性和专业化是不够的。当今社会，学科趋向融合与合并，这要求人们能够创造性和灵活地运用知识和技能，需要各种专门和整体观点的混合和平衡，以解决不同地点和时间的具体问题②。可以说，现代科学在高度分化的同时又高度综合，交叉学科则集分化与综合于一体。而交叉学科领域往往又是当代科学重大突破、新的知识生长点乃至新学科的诞生地③。

现代社会关于加强和扩大各种学科交叉的讨论越来越激烈，这些探索和由此产生的政策影响着高等教育人才培养工作。一是政府高度重视并积极布局交叉学科与新兴学科。例如我国在《国家中长期科学和技术发展规划纲要(2006—2020 年)》中指出，"基础学科之间、基础学科与应用学科、科学与技术、自然科学与人文社会科学的交叉与融合，往往导致重大科学发现和新兴学科的产生，是科学研究中最活跃的部分之一，要给予高度关注和重点部署。"在国家政策的引导下，高等学校也积极推进人工智能、网络安全、大数据等交叉学科与新兴学科的建设工作。二是改革人才培养模式，大力培养跨学科复合应用型人才。有学者形象地将人才培养模式变革比喻为"从'I'到'T'再到'π'"。"I"字型人才培养模式强调专业的纵深性，"T"字型比"I"多了一横，代表了更广博的通识基础，而"π"字又较"T"字多了一竖，代表在主修专业之外发展更多交叉专业，为发展交叉融合能力创造条件④。

(二) 现实背景：生态文明与公众健康的需要

在 2020 年 9 月召开的第七十五届联合国大会上，联合国秘书长古特雷斯指出，当今世

---

① 乔石. 专业的，太专业的：雅克·巴尔赞论人文学科的现代困境[D]. 天津：天津师范大学，2016.

② 林原，刘海峰，刘盛博，等. 基于 web of science 分类的工程学科交叉性研究[J]. 科技管理研究，2019, 39(002): 108-116.

③ 张清俐. 创新发展新兴学科和交叉学科 [EB/OL]. [2016-07-22]. http://www.cssn.cn/kxk/dt/201607/t20160722_3131038.shtml.

④ 刘苗苗，钟友迪. 从 I 到 T 再到 π：高校人才培养跨界行[EB/OL]. [2019-11-04]. http://www.moe.gov.cn/jyb_xwfb/xw_zt/moe_357/jyzt_2019n/2019_zt4/tjx/mtjj/201911/t20191104_406809.html.

界面临五大挑战,包括地缘紧张局势、气候危机、全球互不信任、数字世界黑暗面及新冠疫情全球大流行。以气候危机为代表的生态环境问题一直以来都是全人类关注的问题,它事关人类健康与人类社会的可持续发展。实施可持续发展战略,促进生态文明已成为我国社会经济发展的基本国策。未来数十年将是我国环境生态建设大发展的黄金时期。习近平总书记在十九大报告中强调,"建设生态文明是中华民族永续发展的千年大计。必须树立和践行绿水青山就是金山银山的理念和保护环境的基本国策,像对待生命一样对待生态环境。"

基于人类对健康生活需求的不断提高,"大健康"的概念进入人们的视野。大健康是根据时代发展、社会需求与疾病谱的改变,提出的一种全局性的理念。它关注各类影响健康的危险因素,包括精神、环境、生物、社会等各个方面。它的范畴涉及各类与健康相关的信息、产品和服务,也涉及各学科为了满足社会的健康需求所采取的行动。人类必须加快由"以疾病诊治为中心"向"以促进健康为中心"的观念转变,构建"预防、诊疗、康养"等服务生命全周期、健康全过程的人才培养体系[①]。

因此,必须有效整合环境科学、生命科学、电子信息技术领域的人才培养模式,构建一个多学科交叉、通识教育与宽口径专业教育相结合的人才培养体系[②],从而适应现实社会对人才的需求。

(三) 学科背景:"生物 + 环境 + 电子信息"交叉学科的发展

1. 生物医学与电子信息技术的交叉融合

现代社会,生命系统呈现出有史以来最为丰富的功能,电子信息以及其他学科与生命系统的交互作用对于促进公共健康、环境可持续性等工作至关重要。电子工程为生命科学研究提供了强大的工具和技术,例如多种传感方式,用于数据分析的算法以及用于实现高级算法的控制机制。这些工具和技术的采用进一步推动了人们对生物学的定量研究,从而在电子工程与生物学之间形成了至关重要的联系。再如,生物电子学就是由生命科学与电子信息科学交叉融合所形成的前沿新兴学科[③]。生物电子学主要开展两个方面的研究:一是运用电子信息科学的原理和方法,研究生物体系的电子学问题,揭示生物信息的产生、转换、传输、控制、计算以及作用等规律,从信息工程的角度认识、利用和改造生命。二是把自然界长期进化形成的、具有优异特性的生物信息存储和计算原理应用于信息科学,

① 王素梅,何炜. 以健康为中心促进临床医学专业预防医学教育改革与创新[J]. 中国社区医师, 2018, 34(19): 186-187.

② 郑庆华. 深化本科教育教学改革"四位一体"培养拔尖创新人才[J]. 高等工程教育研究, 2016(3): 80-84.

③ 崔大付,张兆田,熊小芸,等. 生物电子学的研究与发展[J]. 中国科学基金, 2004(04): 205-210.

丰富和发展信息科学的理论和方法。通过发展新型的材料、器件和系统，由此发展基于生物信息处理原理的新型电子技术。生物电子学的发展充分体现了上述两个学科的相互依赖和相互促进的关系。

2. 环境工程与生物医学、电子信息技术的交叉融合

环境问题中最为严重并威慑人类健康的世界性问题之一就是环境污染。世界卫生组织的报道指出，大约有24%的全球疾病负担以及23%的全球死亡人数有可能归咎于环境因素。为了应对类似的问题，诞生了"环境医学"这样一门交叉学科。环境医学是一门涉及人类健康与环境中生物、化学和物理因素之间关系的研究的医学①。环境医学探索环境如何与人体相互作用，尤其是人体对环境因素的生理、心理和情感反应。环境医学使用基于系统的整体模型来评估各种毒素、污染物、化学物质和微生物如何危害人体。

评估人类活动对自然环境的危害程度或是环境污染的具体情况，人们通常会使用到环境监测的手段②。环境监测是通过对反映环境质量的指标进行监视和测定，以确定环境污染状况和环境质量的高低。在进行环境影响评估时，为了确定环境的当前状态或确定环境参数的趋势，都将使用到环境监测电子仪器设备。环境监测仪器是指对水和空气中的污染物，以及噪声、放射性物质、电磁波等进行监测的专用仪器仪表，如水质综合毒性在线分析技术、烟气重金属检测技术、傅里叶红外检测技术、挥发性有机物在线监测技术、无人载具立体监测技术、便携式烟尘监测技术、逃逸氨监测技术和大尺度遥感技术等。这些仪器设备的研发、制作以及更新都与电子信息技术的发展密切相关。国家《生态环境监测规划纲要(2020—2035 年)》文件指出，未来将进一步优化调整"十四五"国家环境中空气、地表水、海洋生态环境监测网络，全面深化我国生态环境监测改革创新，全面推进环境质量监测、污染源监测和生态状况监测，系统提升生态环境监测现代化能力，最终实现环境质量、污染源与生态状况监测有机融合。预计未来几年，我国环境监测仪器行业仍将保持较高的速度增长，环境工程与电子技术的交叉融合人才也将大有用武之地。

二、工程人才培养中人文素养的融入

(一) 大工程观对工程人才人文素养的新要求

大工程观教育思想是近年来在工程教育界兴起的一种新的工程教育理念。麻省理工学

---

① 周宜开. 环境医学概论[M]. 北京: 科学出版社, 2006.

② 吴邦灿, 费龙. 现代环境监测技术[M]. 北京: 中国环境科学出版社, 2005.

院(MIT)工学院院长乔尔莫西斯认为，工程教育要走出狭窄的科学与技术的视角，建立起以科学与技术为基础的，包括社会、经济、环境、文化及道德等综合视域的大工程观思想[①]。大工程观为工程教育的改革提供了新的方向，将技术因素与非技术因素融为一体，要求在自然科学知识外，还应该高度整合社会科学知识，特别是人文知识，注重培养学生实现"知识、能力、方法"的系统整合，以及强化工程实践的教育。在科学技术高度交叉融合、经济飞速发展的今天，大工程观对工程教育的改革发展方向起到了重要的引领作用。例如，在《中国工程教育专业认证通用标准》中就有一条"工程与社会"的标准，要求学生"能够基于工程相关背景知识进行合理分析，评价专业工程实践和复杂工程问题解决方案对社会、健康、安全、法律以及文化的影响，并理解应承担的责任。"人文知识的获得以及人文素质的养成已成为工程教育的重要内容。

人文素养的核心内容是对人类生存意义和价值的关怀，即以人为本。它强调人的价值和尊严的重要性，期望人们可以通过科学和理性地使用技术来解决问题，致力于帮助人们生活得更好，实现个人成长并让世界变得更美好[②]。工程师在创造社会财富的同时，不仅不能破坏环境，而且要"将公众的安全、健康和福祉放在首要位置"。教育部前副部长章新胜提出，工程教育观应是"大学工程教育的最终目标是培养具有人文精神的工程师，只有这样的工程师才能创造出与自然和谐统一的工程"。工程师不仅要从道德的角度重新认识工程与人、社会和自然三者的关系，而且要从生态环境出发正确处理三者之间的关系，达到人与自然和谐统一，通过生态工程实现可持续发展。

以环境工程学科为例，它涉及化学、生物学、生态学、地质学、水力学、水文学、微生物学和数学等广泛的科学主题，旨在改善环境质量，创建既可以保护又可以改善生物健康的解决方案。环境工程应用科学和工程原理来改善和维护环境，保护人类健康，保护有益的生态系统以及改善人类的生活质量。

(二) 以通识教育涵养工程人才人文素养

通识教育实际上是素质教育最有效的实现方式[③]。正如前文中所提到的，通识教育人才培养模式是一个"T"字，其中的一横代表了对不同学科、不同专业的打通。通识教育培养的并不是特定领域的专门人才，而是致力于将学生培养成具有健全人格并全面发展的人。通识教育并不是让学生"学一点理工科，又学一点文科"，而是在接受了通

---

① 曾丽娟, 杜敏, 马云阔. 大工程观理念下高等工程教育改革探索[J]. 教育探索, 2013(09): 35-36.

② 赵秀荣. 大学教育的价值理性与适用[J]. 管理工程师, 2010.

③ 张亚群. 大学素质教育:通识教育的特殊形态[J]. 中国地质大学学报(社会科学版), 2013, 013(001): 121-125.

识教育的涵养之后，能拥有深厚的人文底蕴，能够在解决工程问题时综合社会、环境、健康、法律、道德、文化等因素思考问题，能够以工程项目推进人与自然、人与社会的和谐相处。

以当代社会医学技术工程化为例，随着科学技术的高速发展，医学技术工程化趋势促成了医学水平的快速提升，但是也滋生了医生过分依赖技术和工具的现象。医学的发展不仅是技术层面的进步，也应该是人文价值的彰显，达到医学科学技术与医学人文价值的融会贯通，发挥医学应有的价值意义，真正造福于人类，服务于社会。因此，现代医学模式下培养的医学人才所具备的素质应该是全面的，即不仅要具有扎实的理论功底、精湛的临床技能、高尚的医德医风，还要有广博的人文社会科学知识。

以通识教育涵养工程人才，一是要改革工科学校的课程体系，在课程体系和知识体系的构建中，注重凸显学科知识交叉，将通识融入专业课程。教师在专业课上要注重本门课程与其他课程(包括专业内外)的关系，强调知识的综合性；二是注重与工程实践相结合，通过分析、讲解工程实例，使学生充分理解知识综合的重要性，同时通过参与工程实践，学会综合运用不同学科的知识，从而培养多角度、多学科思考问题的思维习惯；三是完善学校的通识教育选修课程体系，建设通识教育的"金课"。通识课程教师不能简单地从自己学科出发制订教学大纲和授课计划，要基于"目标导向"的理念，从工程人才培养目标出发选择课程的主要知识内容，在教学方法中应尽量多采用"启发式""研讨式"等以学生为中心的教学方式，注重在思维、方法上加强对学生的引导。

以桂林电子科技大学通识教育课程体系为例，学校的通识教育选修课分成自然科学与技术工程类、人文与社会科学类、经济与管理类、心理健康教育类、创新与创业类、美育与艺术等六大类。鼓励学生结合自己实际跨学科、跨专业自由选课，充分发展个性，博学多识；鼓励学生从难、从严、从自己实际出发自主选课，从而增强学生学习主动性，全面提高素质。要求全校所有学生均需修读通识教育选修课程 8 学分，其中创新与创业类≥2门，美育与艺术类≥2门，心理健康教育类≥1门；理工类专业另外必修经济与管理类≥1门；经管文法艺术类专业另外必修自然科学与技术工程类≥1门。近年来，学校为培养复合应用型人才，还根据国家对创新创业教育的要求、工程教育专业认证的毕业要求不断增设通识选修课程，主要包括工程师职业素养、创新思维与创业力开发、创业管理、工程伦理、国际工程管理英文写作、工程项目管理等跨学科的课程。从 2019 级起，还将写作与沟通列为通识必修课覆盖全校。

三、"环境＋健康＋电子技术"跨学科复合应用型人才培养目标与核心能力

桂林电子科技大学生命与环境科学学院现有专业分属两大学科、三个专业类，根据

这一特点，学院提出了"跨学科复合应用型"人才培养模式的理念。"跨学科"是人才培养的背景，"复合型"是人才培养的目标，而"应用型"是人才培养的核心素养。所谓"复合型"，即培养基本功扎实、知识面广、适应性强的"通才"，包括知识复合、能力复合、思维复合①。

毕业时，跨学科工程专业的学生将具备如下能力：能够运用工程、基础科学和数学原理来识别复杂工程问题；能够应用工程设计理念设计出满足特定需求的解决方案，并在设计过程中考虑到公共健康、安全、福利，以及全球、文化、社会、环境和经济因素；具有与众多受众进行有效沟通的能力，能够在工程实践中遵守职业道德和规范，履行专业职责；能够综合信息，在考虑全球、经济、环境和社会影响等诸多因素的情况下，做出合理有效的判断；能够在团队项目中展现领导力、创建协作包容的工作环境、设立目标、制订计划并实现目标；能够设计并完成实验，分析与解释数据，并基于工程知识的专业判断，得出合理有效的结论；能够完成自主学习，使用适当的学习策略来获取并应用新的知识。

第二节 学科牵引，团队共建，实现共同价值下的多学科融合

教师是教学活动与科研活动的双重任务承担者。共建学科平台，以此为基础组建跨学科教学科研团队是"三维四层"人才培养模式第一与第二层面的工作，也是开展跨学科复合应用型人才培养工作的有力支撑。教师合作的路径有跨学科共同开展科学项目的研究、跨专业共同开展课程与教学改革工作等。同时，毕业设计(论文)是本科培养工作的重要环节，是教学、科研与社会实践相结合的交叉点。设置"双导师制"能有效地引导学生运用跨学科的思维、方法及内容完成研究工作，也对培养复合应用型人才起着重要的支撑作用。

一、以交叉学科为基础支撑跨学科教师团队融合

随着新一轮科技革命和产业变革加速演进，一些重要的科学问题和关键的核心技术已经呈现出革命性突破的先兆，新的学科分支和新的增长点不断涌现，学科深度交叉融合势不可挡，经济社会发展对高层次创新型、复合型、应用型人才的需求更为迫切。2016年，习近平总书记就在全国科技创新大会、两院院士大会、中国科协第九次全国代表大

---

① 侯佛钢, 张学敏. 地方高校跨学科复合应用型人才培养的学科集群探究[J]. 清华大学教育研究, 2018, 39：163(03): 104-109.

会上提出要"厚实学科基础,培育新兴交叉学科生长点"。2018年,习近平总书记在北京大学考察时指出"要下大气力组建交叉学科群"。2020年12月,国务院学位委员会、教育部印发通知,新设置交叉学科门类,成为我国第14个学科门类。交叉学科门类一级学科需要突破传统的学科管理框架,全过程以独立的交叉学科为单位进行管理,形成完整的交叉学科管理制度体系。2021年1月,国务院学位委员会办公室负责人在就《国务院学位委员会 教育部关于增设"交叉学科"门类、"集成电路科学与工程"和"国家安全学"一级学科的通知》答记者问中指出,要大力发展交叉学科,健全新时代高等教育学科专业体系。国务院学位委员会办公室负责人介绍,学科交叉融合是当前科学技术发展的重大特征,是新学科产生的重要源泉,是培养创新型人才的有效路径,是经济社会发展的内在需求。

交叉学科的科学项目研究与建设工作、交叉学科的人才培养离不开两个条件:一是跨学科平台的建设,为交叉学科提供科学研究的硬件条件,如实验设备、实践场所等;二是一支跨学科的教师团队,科学研究工作的主体是人,因此人是推进交叉学科的主要因素,可通过吸纳不同学科背景的成员,在相互学习、协同工作中激发创新能力,实现知识的交流和分享,从而实现多学科的融合和科学技术的创新。

桂林电子科技生命与环境科学学院生物传感与智能仪器教师团队就是这样一支以交叉学科为平台建设的跨学科教师团队。团队主要成员包括陈真诚教授、陈洪波教授、李华教授、殷世民研究员、梁晋涛教授、朱健铭副教授等六位具有高级职称的教师,他们的科研方向如表3-1所示。

表3-1　生物传感与智能仪器教师团队主要成员及其研究方向

团队成员	研　究　方　向
陈真诚	主要从事生物医学电子与仪器方面的研究
陈洪波	主要从事医学图像处理与模式识别、人工智能与机器学习在医学图像处理与信息分析中的应用等方面的研究
李华	主要从事医疗器械等离子体灭菌机理、MEMS 传感器、精密仪器与测控技术等方面的研究
殷世民	主要从事信号处理、光电成像、干涉成像光谱、医学电子、医学图像处理、FPGA技术等方面的研究
梁晋涛	主要从事生物传感与智能仪器、生物医学信号处理等方面的研究
朱健铭	主要从事医学信息检测与处理、人工智能与大数据等方面的研究

2020年春节,生物传感与智能仪器教师团队在新冠肺炎疫情防控阻击战中,凭借长期以来在生物医学领域积累的研究成果和丰富经验,依托学校电子信息学科在生物医学方面的科研优势,经过全体联合科研团队成员针对疫情防控和病毒检测展开了昼夜攻关,成功

研发出了一款新型冠状病毒现场快速检测试纸,为广西科研抗疫提供了一份"广西制造"和硬核担当,也为学生进行了一场现实的爱国主义教育。

交叉学科的出现为教师跨界合作提供了一个契机,不同学科、不同高校的教师为了共同的目标而共同合作,实现不同学科共同价值追求与共同利益最大化,既为培养学生提供了条件保障,也为不同学科教师团队的融合提供了契机。

二、以项目共研为桥梁促进跨学科教师团队共建

科研是培养优秀人才的重要手段,是提高高校师资队伍素质的重要途径,是高等学校发展和传播科学文化的重要办法,是学科、学位建设的重要手段。科研人员仅靠单打独斗难以成"气候",特别是当今社会知识在不断地扩展和整合,未知领域探索和研究的难度也在不断加大,现代科研向着综合性、交叉性、渗透性、融合性的方向发展,这就使得科研项目涉及的领域很宽,需要运用复杂的实验手段,进行多学科的合作攻关才能取得成果。因此,吸纳多学科科研人员,通过共同研究跨学科的科研项目将不同领域的研究人员汇集在一起,更有利于跨学科教师团队开展工作。

2008 年,桂林电子科技大学电子工程与自动化学院 TCR(Test Control Research,测控研究室)团队与厦门大学近海海洋环境科学国家重点实验室开始合作开展科学研究,并持续至今。在此过程中,桂林电子科技大学生命与环境科学学院也加入了合作团队,在环境污染物的分析方法、环境样品预处理技术等方面进行了大量的科研合作,涉及紫外可见光谱、荧光光谱、红外光谱等仪器技术。在科研合作期间,看起来似乎完全不相关的两个专业的成员在一次次科研方法的讨论过程中,通过跨专业的知识碰撞和具体的科学研究紧紧地联系到了一起。

表 3-2 为桂林电子科技大学 TCR 团队近几年的跨学科科研项目列表。该团队通过与厦门大学长期的科研项目合作,建立了良好的研究生互培关系,组建了跨学科的科研团队,在科研项目开展过程中,既培养了复合型教师队伍,又培养了复合型研究生人才。

表 3-2　TCR 团队跨学科科研项目列表

项 目 名 称	来　　　源
海水中痕量活性磷船载监测仪器控制器的研发	863 协作(厦门大学)
有机砷色谱分离和原子荧光联用系统控制器的研发	国家海洋局海洋公益性行业科研专题(厦门大学)
近海痕量甲基汞样品处理仪器控制器的研发	厦门大学
海水痕量活性磷和痕量硝酸盐氮检测仪的加工制作	厦门大学
实验室温度、湿度校准方法和标准仪器的研究	桂林市计量测试研究所

项 目 名 称	来　源
海水痕量铁检测仪的加工制作	厦门大学
原位监测仪近海水样自动采集关键技术研究	广西自动检测技术与仪器重点实验室基金项目
海洋监测仪器关键模块及其系统在线自诊断研究	广西自动检测技术与仪器重点实验室基金项目
环境水体原位监测仪水样全自动过滤系统的研制	桂林市科技攻关计划项目
海水原位在线自动过滤器的加工制作	厦门大学
高通量海水化学实验室装备的数据捕获及信号处理控制板的加工制作	厦门大学

跨学科科研团队实际上是弥补了当前复合型教师的不足，通过人的融合来实现跨学科的合作研究。在人的融合过程中，教师不断接触到新的思维方式、新的学科知识、新的研究方法，自身的思维也会逐渐跳出原来的专业框架，成长为一个具有复合型知识、能力与素质的复合型教师，能更好地开展复合应用型人才培养。

例如 TCR 团队的甲教师，来校工作时只是一名本科生，为了工作需要，就读了本校在职研究生。也就是在这个阶段，他开始接触科研，并加入了科研团队。在科研团队的培养和个人的努力下，他用 9 年时间就完成了从中级到正高职称的晋升。在此期间，他将科研案例融入教学过程，采用独特的教学方法，受到了学生的普遍认可，多次获得本科课堂教学质量优秀奖、讲课比赛一等奖、教学成果奖以及各种教学奖项，指导学生参加各种竞赛也获得各类奖项若干，并多次获得最佳指导教师奖。同时，以主要参与人的身份，先后获得区级科技进步三等奖(排名 4)和区级技术发明三等奖(排名 3)，这可以说是典型的教学科研齐头并进、共同发展的案例。又如 TCR 团队的乙教师，攻读硕士学位期间，作为互培生在厦门大学学习一年，学习期间，参与共研项目，硕士毕业之后又就读厦门大学继续攻读博士学位，博士毕业后回校工作。长期以来，他一直是两校科研合作的中坚力量，是典型的跨学科复合型教师代表。通过这两位教师的经历说明，团队的融合与教师个人向着复合型的方向发展是相辅相成、相得益彰的。

三、以共同价值追求为引领促进科研与教学团队融合

科研团队是一种以共同研究兴趣而集中在一起的，能够建立真正协作紧密、优势互补、价值取向相同或相似且凝聚力和战斗力俱佳的团队。科研团队担负着提升学科水平、培养师资队伍的任务。教学团队是指以学生为服务对象，以技能互补而又相互协作、沟通的教师为主体，以教学内容和教学方法的改革为主要途径，以系列课程和专业建设为平台，以

提高教师教学水平和教育质量为目标而组成的一种创新的教学基本组织形式。

高等学校的首要任务是人才培养，作为高等学校的科研团队也应该以人才培养为最终目标，高等学校的科研团队与教学团队应有共同的价值追求。科研团队与教学团队的融合要以科学发展观为指导，以大力提升教研水平为目标，树立"以科研促教研，以教研促教学，以教学促质量"的教育科研理念，组建科研教学一体化的教师团队，以达到人才培养的最终目标。

目前，高等学校教师团队往往是以专业背景为依据划分的组织单位，单纯的跨学科教学团队建设往往不太现实。然而，当前因科研的发展需要而建立的跨学科科研团队为数不少。国家对高等学校教育的重视也使得不少科研团队成员纷纷加入教学团队的建设中来，由跨学科的科研团队成员在教学过程中逐步形成的教学团队，其团队成员有着相同的教育目标，跨学科的科研背景也为教学提供了更多的教学资源，以跨学科的科研实例作为教学案例进行教学，为复合应用型人才培养提供了有效的途径。跨学科科研团队与教学团队共建将是培养多元复合型人才的有效途径。

桂林电子科技大学电子工程与自动化学院 TCR 团队与生命与环境科学学院的环境监测方法与仪器、生物传感与智能仪器教师团队等科研团队基于前期的科研合作关系，本着科教协同的共同价值追求和以生为本的共同教学目标，建立了"测控技术与仪器专业核心课程教学团队"和"生物传感与智能仪器教师团队"，这两个团队在本科教学过程中开展了大量的学科融合实践工作。团队成员以科研项目为依托，紧密结合工程实践，将丰富的工程实践案例引入教学活动，为教学提供了有力的学科支撑，结合教学工作需求推进相关科研工作，促进科学研究深入开展，教学引导科研，科研反哺教学，两者相辅相成，实现了教学与科研、教学团队与科研团队的充分融合。

团队成员遵循实践和认知规律，在教学过程中，以工程实践案例为引导，引入理论知识的系统学习，并指导学生将理论知识运用到工程实践案例中。通过这种教学模式激发学生的学习兴趣，克服了简单的知识复制式学习，有助于基础知识向后期专业知识迁移，也有益于解决现实中的各种综合性、复杂性问题。如图3-1所示，以讲授"电路分析基础"和"高频电子线路"课程为例，对科研项目"环境水体原位监测仪水样全自动过滤系统的研制"中滤膜堵塞程度检测的核心电路——LC谐振放大电路——进行分析，引出了LC谐振电路、谐振频率、谐振条件及改变谐振的方法等知识点。首先通过导入工程实践案例，使学生有了感性认识，然后分析提炼出理论问题，再对理论知识点进行讲解，将感性认识提升为理性认识，使学生了解基础课程中的基本概念在工程实际中的用处，大大提高了学生的学习积极性与学习效果。在讲解完对于谐振电路可以通过改变电容来改变谐振频率后，再引导学生利用变容二极管自行设计压控振荡电路，制作调频电台，再次回归到工程实践，做到了从工程实践中来，应用到工程实践中去。项目来源于两个专业方向的科研合作，又用于两个专业的人才培养，做到了真正的学科融合。

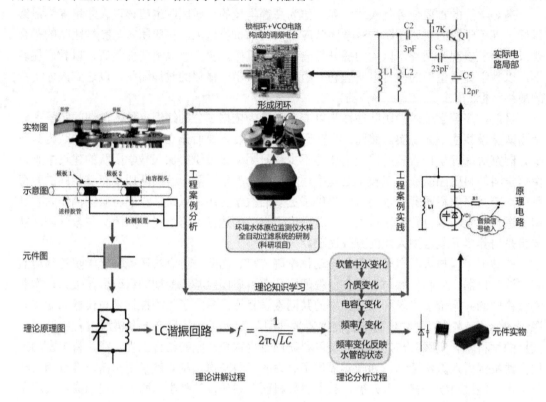

图 3-1 实际教学案例

例如，讲授"电子测量"课程时，可将科研项目"高通量海水化学实验室装备的数据捕获及信号处理控制板的加工制作"作为很好的科研实例介绍给学生。引导学生从理论学习转向实际应用的讨论，考虑环境对测量结果的影响，进而寻找更加适合的方法。通过这样的案例介绍，使得学生不但学到了专业的理论知识，还能够真正理解工程应用中工程与社会、环境和可持续发展、个人和团队、沟通的重要性。

四、复合型科研与教学团队融合及共建的实例

现代科学研究向着综合性、交叉性、渗透性、融合性的方向发展，社会发展需要大批量的复合型人才，单一的专业方向已经不再符合现代社会的发展要求。传统意义上的复合型人才往往指的是复合型的教学方式方法、复合的专业知识结构，或者学生创新性、自主性和独立性等复合能力的培养等，这些方面都是人才培养不可或缺的方面。然而现代对跨

学科复合应用型人才的定义是掌握两个或两个以上专业(或学科)的基本知识和基本技能的人才，除了要求具备扎实的专业知识外还应具备相关职业技能。跨学科复合应用型人才培养理念打破了学科分类的界限，提出跨学科人才培养的新命题，更好地顺应了社会发展[①]。多学科知识的融合必然需要跨专业的教师团队来完成。因此，培养复合型人才必然要先培养复合型的教学团队。

复合型人才的培养除了要有复合型的科研团队作为人才培养的坚实后盾之外，还需要教学团队的教师能够将科研实例用于教学。近几年来，桂林电子科技大学电子工程与自动化学院同生命与环境科学学院紧紧围绕我国高等教育中的"双一流"建设，在做大做强学院科学研究的基础上，又强化科技人才服务本科教学第一线的主力军角色，依托科研团队的优势，加强团队合作，将教学团队逐步建设成为复合型教学团队，取得了很好的成绩，积累了丰富的经验，为地方高等教育及人才培养探索出了一条新的路子，特别是在依托跨学科科研团队的科研教学团队建设上起到了示范作用。下面以测控技术与仪器专业核心课程教学团队以及生物传感与智能仪器教师团队的建设为例进行介绍。

(一) 测控技术与仪器专业核心课程教学团队

1. 测控技术与仪器专业的发展

桂林电子科技大学电子工程与自动化学院测控技术与仪器专业的前身是电子仪器与测量专业，始建于1980年，原名为电子仪器及测量技术专业，是广西壮族自治区最早设置的仪器仪表类专业，1998年更名为测控技术与仪器专业。2007年成为广西高等学校普通本科教育优质专业；2008年成为国家特色专业；2010年成为广西高校特色专业及课程一体化建设专业；2011年成为教育部"卓越工程师教育培养计划"实施专业；2013年获得国家级大学生校外实践教育基地"柳州长虹机器制造公司工程实践教育中心"；2014年通过中国工程教育专业认证，是广西首个通过认证的专业；2014年成为广西优势特色专业；2015年测控技术与仪器实验中心获批为国家实验教学示范中心；2018年再次通过中国工程教育专业认证；2019年入选国家级一流本科专业建设点。

测控技术与仪器专业隶属于仪器科学与技术学科。仪器科学与技术是原信息产业部重点学科、广西一流学科，是广西唯一招收仪器科学与技术博、硕士研究生的授权点，拥有广西自动检测技术与仪器重点实验室。1998年获得测试计量技术及仪器二级学科硕士学位授予权；2006年获得仪器科学与技术一级学科硕士学位授予权，成为仪器仪表工程专业学位授权点；2013年获得仪器科学与技术一级学科博士学位授予权；2019年设立仪器科学与技术博士后科研流动站。该专业主要开展自动测试总线与系统、智能仪器、可测性设计与

[①] 赵春漫, 张超然. 多元化复合型人才培养理念下高等教育的职业化研究[J]. 就业与保障, 2020(14): 93-94.

故障诊断、生物医学传感与仪器等方向的科学研究，国防特色鲜明，优势突出，并取得了丰硕的科研成果；近年来承担了国家重大科研仪器研制、国家自然科学基金、国防型号、国防预研、广西创新驱动重大专项等项目，获得省部级科技进步二等奖 4 项、三等奖 3 项，发表 SCI/EI 检索论文 150 余篇，出版专著/译著 4 部。

四十余年来，测控技术与仪器专业已经发展成为国家级特色专业、教育部"卓越工程师教育培养计划"实施专业、广西首个通过工程教育认证专业，拥有国家级实验教学示范中心、广西教学团队、广西教师名师、广西高校自动检测技术与仪器人才小高地创新团队，拥有广西自动检测技术与仪器重点实验室。测控技术与仪器国家级实验教学示范中心拥有 VXI、PXI、LXI、AXIe 总线等先进仪器设备，价值 3000 多万元。近年来，该专业教师共获得国家级教学成果二等奖 4 项，广西教学成果特等奖 1 项、一等奖 4 项。本专业结合学校的电子信息特色，以培养学生工程实践能力和创新能力为核心，形成了完善的教学体系、工程经验丰富的师资队伍、一流的实践平台、严格的管理体制，辅以科教融合、校企协同、学科竞赛等全方位人才培养体系，成功地培养出"专业基础扎实、知识面广、实践能力强、具有创新精神"的工程技术人才，学生在历年的全国电子设计竞赛、"飞思卡尔"杯智能汽车竞赛等科技竞赛中均取得了良好的成绩。结合科研成果，先后出版了《微计算机仪器系统》《非电量检测技术》《电子测量与仪器》等教材，其中《电子测量与仪器》是"十二五"国家级规划教材、全国电子信息类优秀教材。本专业培养的毕业生主要在珠三角、长三角和北部湾经济开发区从事智能制造、智慧城市、智能家居、智能机器人等领域的研发工作，历年学生的就业率均达到 93%以上，毕业生的职业道德、敬业精神、科学素养、团队合作能力、岗位胜任能力、工程实践能力得到了任职单位的较高赞誉。

2. 测控技术与仪器专业核心课程教学团队的建设

测控技术与仪器专业自成立以来，依托重点学科、重点实验室、实验教学示范中心，为适应测控技术与仪器专业的发展需要，牢牢抓住人才这个关键，逐渐形成了一支教学、科研梯队合理，学科交叉渗透，特色鲜明，研究方向稳定，科研成果丰硕的教学团队——测控技术与仪器专业核心课程教学团队。团队以人才培养为中心，以学科建设为先导，以教学改革为动力，以提高教学质量为目标，坚持科研与教学相结合，以研促教，不断调整课程设置，优化课程结构，更新教学内容，跟踪学科前沿技术，脚踏实地，积极进取，使本团队的学术水平及本专业的人才培养质量得到了全国同行的认可，为广西及全国测控技术专业人才培养发挥了积极的促进作用。

2010 年"测控技术与仪器专业核心课程教学团队"建设之初，由 12 名教师组成，其中博士生导师 1 人、硕士生导师 9 人、教育部高校教学指导委员会委员(仪器科学与技术)

1 人、享受政府特殊津贴 2 人、"广西新世纪十百千人才工程" 1 人、"广西区优秀专家"
1 人、广西有突出贡献科技人员 1 人、中国电子测量标准化委员会主任委员 1 人、广西教
学名师 1 人、校级教学名师 1 人。

自团队建成以来,经过多年努力,不断吸纳更多专业人才,现已有专业教师 30 人,博
导 4 人,70%以上具有博士学位,具有副教授以上职称超过 65%;拥有全国优秀教师 2 人,
全国模范教师 1 人,全国师德先进个人 1 人,教育部高等学校教学指导委员会委员 2 人,
国务院政府特殊津贴专家 3 人,中国电子学会学术委员会、国防科工委绕月探测工程科学
应用专家委员会、全国电子测量仪器标准化技术委员会、总装备部军用测试仪器标准化技
术委员会委员各 1 人,广西八桂学者、广西特聘专家、广西优秀专家、八桂名师各 1 人,
广西新世纪十百千人才工程第二层次人选 3 人;85%以上的教师具有企业工程实践经历。
经过十余年的努力,团队已建设成为科研优势明显,年龄、学历梯度合理,理论和实践并
重,科研与教学兼顾的优质课程教学团队。

3. 以研促教开展复合应用型人才培养

经过多年的努力和探索,测控技术与仪器专业核心课程教学团队逐步形成了以下特色:

(1) 发挥科研优势,构建复合应用型人才培养体系。从 1980 年设置本专业以来,经过
几代人的不懈努力,特别在建立本专业的初期,团队在从西安电子科技大学(原西北电讯工
程学院)支援本专业的几位老教授的带领下,形成了治学严谨、实事求是、不断创新、教书
育人、乐于奉献、团结协作的优良传统和作风。正是在这种团队精神的激励下,测控技术
与仪器专业经过四十年的建设和发展,成为学校的优势专业。

面对社会的快速发展以及人才流动性增强、就业面拓宽的情况,团队紧跟时代发展,
不断调整人才培养目标,进行课程体的优化与完善,采取强化测控技术与仪器专业基础
课程、拓展专业课程等措施,以适应复合应用型人才培养的要求。团队以"厚基础,强能
力,突特色"为教学改革理念,形成了"以信息技术为手段,以硬件课程为主线,以软件
课程为主体,以虚拟仪器、总线技术课程为特色,以教师队伍建设为重点,理论与实践并
重,科研与教学兼顾,强调教书先育人"的优质课程群和教学改革总体思路。团队强调专
业基础课与专业课相结合的教师队伍建设,很好地将专业基础课与专业课相结合,提升了
专业基础课教师的专业水平,从而带动了专业基础课的教学水平。

团队在建设过程中逐步发现,只为培养复合应用型人才而优化和完善课程体系已经不
能满足测控专业的培养目标。针对这一现实问题,团队成员经过反复多次的思考和讨论,
在不断的摸索和实践过程中,更加强调科研在教学中的作用,使更多的科研成果进教材、
进课堂,紧跟学科发展,并制订了新的人才培养目标:以工程应用为导向,优化课程体系,
将基础知识与最新的专业技术紧密结合,以培养有理想、有思想、有道德、有知识、有能

力的测控技术与仪器专业的工程应用型人才。

团队的主要科研方向是仪器类方向。传统的仪器测量主要是电压、电流、频率、相位等电信号特性的测量。团队成员的专业知识结构完全可以胜任最初的培养通用型人才的目标，团队成员同时也是各个科研团队的优秀成员，因此，胜任复合应用型人才的培养完全不成问题。经过团队成员的共同努力，形成了"以自我学习为主导，以综合性、设计性实验为主体，以课程设计为特色"的实验教学新体系，将学生实验动手能力、创新能力的培养从课堂延伸到课外，构筑了全方位、全视角的人才培养新观念、新方法。

(2) 逐步建立起了以专业基础课为引导、以专业课为主体、以实验课为两翼(即基本实践能力和综合、创新实践能力)的课程体系。专业基础课具有引导作用，能在较短时间内将学生引入专业领域；专业课很好地体现了本专业的特色和专业技术的最新发展。本专业陈尚松等教授将多年的科研成果(如虚拟仪器技术、边界扫描技术等)写入了《电子测量与仪器》教材中，教材发行后深受同行的好评，并多次重印。在教学团队的提议下，该专业率先在全校设置实验性的专业任选课，如"电子技术基础实验""现代电子技术综合实验""虚拟仪器技术综合应用实验"等。这类实验课很好地提高了学生的实践动手能力和科研创新能力。团队以这些课程为基础，构筑了以广西区精品课程为基础的课程体系，极大地满足了专业教学的需要。团队教师 100%参与科研，每名教师都能讲授两门以上课程，并能将科研与教学紧密结合，理论联系实际；团队以课程建设小组的形式对所承担的各门课程进行理论与实践的教学研究；在团队建设与发展过程中，始终以为测控领域培养工程应用型人才为目标，进行人员的引进和培养，并根据企业的技术进步和社会对人才需求的专业化、多样化和复合化，不断进行教学改革，形成了有特色的培养体系。

(3) 发挥学科特色，将学科科研新成果转化为教学资源，低成本地将学科新技术融入教学，形成了优质教学资源，搭建了多个实验平台(自动测试系统实验平台、网络化测控系统实验平台以及可测性设计与故障诊断实验平台等)。其中，自动测试系统通过网络共享硬件平台的方式，既实现了将新技术引入实验教学，又降低了教学成本；网络化测控系统实验平台采用网络通信技术，将 LXI 等最新的科研仪器实现了网络化，解决了高成本的教学投入问题，创新性地实现了 LXI 仪器的远程控制，取得了"网络即仪器"的效果，实现了优质教学资源的共享；可测性设计与故障诊断实验平台经过几年的实验教学应用，也取得了很好的教学效果。目前，通过二次开发，将传感器、测控软件技术、虚拟仪器技术等课程的 11 个实验实现了网络化。

(4) 引领学生参与科研项目，提升综合实践能力。TCR 团队每年安排至少一名二年级硕士研究生到厦门大学进行交流学习一年，并在厦门大学完成毕业设计的选题，经过一年的综合培养，研三回校继续完成毕业设计，同时协助导师指导本科生毕业设计。这样通过科研项目作为桥梁，以不同的专业为背景，激发出不同的研究灵感，为培养复合应用型研究生提供了有力的保障，同时研究生又以"传帮带"的方式将自己在不同的专业背景下学到的专业知识传递给本科生，这种方式为培养本科生的创新能力、综合能力提供了一个有效途径。

(二) 生物传感与智能仪器教师团队

1. 生物传感与智能仪器教师团队的建设与发展

生物传感与智能仪器教师团队是中华人民共和国教育部"黄大年式"教师团队，隶属于生命与环境科学学院。生物传感与智能仪器教师团队在"广西八桂学者"教学团队的基础上组建而成，拥有骨干成员14人。其中，广西八桂学者1人，广西教学名师1人，广西百人计划1人，贵州四百强人才1人；45～55岁6人，35～44岁7人，35岁以下1人，平均年龄43.3岁；博士10人；教授8人，研究员1人，副教授5人，讲师1人；博士生导师2人。整个团队是一支年龄结构合理、充满生机活力的教学队伍。团队带头人陈真诚教授是广西八桂学者，具有较高的学术造诣和创新性的学术思想、较强的组织协调能力和合作精神，在团队中发挥了重要的凝聚作用。团队的研发目标明确，发展规划清晰，注重学习共同体的建设，老中青传帮带机制健全，为教师专业发展搭建了通畅的平台，整体提升了教师的教学科研能力。

2. 发挥学术优势，开拓创新，科研成果显著

生物传感与智能仪器教师团队在科研方面敢为人先，开拓创新，成绩显著。团队始终聚焦国家重大战略和地方经济社会发展，承担国家或地方重点科研项目、重点工程和重大建设项目的研发任务，取得了明显进展，具有持续创新能力和较好的发展前景。同时，在构建中国特色哲学社会科学体系方面，团队成员中从事思想政治教育的同志进行了重要探索和创新，学术成果丰硕。党的十八大以来，团队共获得各类科研项目37项。其中，国家级项目19项，典型的有：国家自然科学基金重大科研仪器研制项目1项，实现了广西区在该类项目中零的突破；国家科技支撑计划课题1项；国家重点研发计划课题1项；国家自然科学基金面上项目2项。这些成绩的取得标志着团队整体的科研实力有了一个质的飞跃。此外，团队获得省部级项目15项，企业级项目3项。近5年来，团队获得广西壮族自治区科学进步奖三等奖1项，发表科研论文200余篇，其中SCI/EI检索120余篇，获得国家发明专利30余项。团队十分注重科研成果的转化，突出社会效益，与地方企事业单位建立了广泛的校企合作关系，合作共建了桂林电子科技大学都测实验室。

3. 科教融合，以德育人，育人成果显著

党的十八大以来，陈真诚教授带领的教学团队承担着医学成像新方法、神经生理学、生物分子成像等博士生课程，生物传感器原理与应用、分形理论及医学应用等硕士研究生课程，神经生理学、医学仪器等本科生主干课程的教学任务，培养了一批青年教师、博士

生、硕士生，提升了学院从本科生到硕士生、博士生、青年教师等的多层次人才培养能力，其中本科毕业生一次性就业率连续 3 年保持在 95% 以上，在学校各学院中名列前茅，实现了学院人才培养的持续健康发展。

成员中的教授均能为本科生上课。所有成员能够把思想政治工作贯穿教育教学的全过程，实现了全程育人、全方位育人；教育教学理念先进，能及时将最新科研成果融入教学；重视教育教学研究，在教育思想、内容、方法等方面取得了创造性成果，并广泛应用于教学过程，不断提高人才培养质量。党的十八大以来，团队成员共获得国家教学成果奖二等奖 2 项，自治区教学成果奖特等奖 2 项、一等奖 2 项、三等奖 1 项；区级教改重点课题 1 项，区级教改课题 5 项，校级重点课题 1 项，校级一般课题 3 项；校级教学成果奖三等奖 2 项；4 人次获得本科优质课堂一等奖，2 人次获得本科优质课堂二等奖，发表教学教改论文 20 余篇。团队成员在指导学生方面成效显著，指导的"新型便携式无创心血管参数检测仪"项目获得广西区金奖，并进入全国决赛，获得铜奖；获得全国大学生生物医学电子创新设计竞赛三等奖 1 项；获得广西高校化学化工类论文及设计竞赛一、二等奖各 2 项，三等奖 1 项；获得全国大学生电子设计竞赛区级二等奖 4 项，三等奖 6 项；获得第二届中国"互联网+"大学生创新创业大赛广西选拔赛银奖 1 项。

团队积极开展社会实践，组织志愿服务，2016、2017 年获得共青团中央全国大学生暑期"三下乡"社会实践优秀团队。团队主动弘扬中华优秀传统文化，发展先进文化，积极为桂林市漓江流域环境的保护、国际旅游胜地的打造等公共服务体系的建设提供智力支持和技术支撑。

五、双导师制在复合应用型人才培养中的探索与实践

"导师"一词源自希腊语，象征有相当的知识和智慧。在现在的教育制度下，导师制是一种教育制度。导师制由来已久，早在 14 世纪，牛津大学就实行了导师制，其最大特点是师生关系密切。导师不仅要指导他们的学习，还要指导他们的生活。这种制度要求在教师和学生之间建立一种"导学"关系，针对学生的个性差异，因材施教，指导学生的思想、学习与生活。双导师制，顾名思义就是两个导师，双导师制到底有什么现实意义？双导师各自的分工如何？

(一) 双导师制在人才培养中的现实意义

1. 双导师制是人才培养质量的有力保障

目前，双导师主要有"校内—校内"和"校内—校外"两种组织形式，其解决的教学问题各有侧重点。"校内—校内"解决的是不同类型教师互补的问题。很多高校都存在部分

教师理论水平较高，而实践能力较弱的问题，或者在某一领域技术水平较高，而对其他领域知之甚少的情况，双导师制正好对这种情况进行了弥补，既能有效利用导师各自的优势，又能提高人才培养质量。而"校内—校外"则解决的是工程实践能力不足的问题。通过聘请企业导师，发挥其实践能力强、工程经验丰富的优势，而对于校内导师，可以发挥他们理论知识系统、论文写作能力强的优势。通过"双导师"制，可以有效地弥补各自专业知识或是专业能力的不足，扩展学生专业视野，顺应当前专业融合的发展方向，有效提高人才培养质量。

2. 双导师制是校企合作的纽带，是与企业无缝衔接的保障

很多校内导师由于长期从事繁重的教学任务，缺乏工程实践经历，指导学生从书本到书本，从理论到理论，开展科研工作相对较少，与学科发展前沿相脱节，科研方法与经验有限，不利于与工程实践关联及学生创新能力的培养。校企双导师制可以作为学校与社会的桥梁，将学校与企业之间紧密联系起来。校内导师以丰富的理论知识培养学生系统性的理论知识，然而学生在校内所学知识因学校体制的原因，导致部分知识的看起来似乎与社会脱节，刚出校门的学生似乎觉得自己所学知识无法与企业之间形成联系，这使得很多学生非常迷茫，如果能在毕业设计期间与企业建立起联系，直接与企业对接，就可以把学校与社会无缝衔接。毕业设计期间安排校企双导师可以发挥校内导师和企业导师各自优势，有利于学生与企业之间的衔接，缩短学生的迷茫期，尽快实现从学生到工程师的状态转换。

(二) 双导师制在毕业设计中的教学实践

桂林电子科技大学电子工程与自动化学院和生命与环境科学学院设置了"校企双导师制"和"校内跨专业双导师制"。"校企双导师制"主要是在毕业设计环节，由企业兼职导师和校内专业教师共同指导完成，一方面学生以就业单位导师题目作为毕业设计题目，由企业兼职导师进行指导；另一方面，为了保障毕业设计理论深度和论文质量，学校也为学生配备校内导师，以便进行理论指导及论文写作指导。"校内跨专业双导师制"是指学生的毕业设计题目中针对来自校内导师跨专业科研项目相关课题的毕业设计题目，由相关专业导师共同指导，以保障专业知识的深度融合，加强毕业设计的质量管理，解决毕业设计过程中可能发生的问题。

1. 毕业设计(论文)是人才培养中的重要环节

毕业设计(论文)是培养大学生的创新能力、实践能力和创业精神的重要环节，是本科生培养方案中规定的综合性实践教学环节，其目的是培养学生综合运用所学的基础理论、专业知识和基本技能，分析和解决工程、管理和社会实践等问题的能力，尤其是培养科学的思维方法，树立严谨的治学态度，提升解决实际问题的能力。通过毕业设计(论文)，使

学生能够在工程设计及管理、科学研究及实践等方面得到初步的训练。

2. 毕业设计(论文)的组织管理

桂林电子科技大学教务处负责全校毕业设计(论文)工作的宏观管理,制定毕业设计(论文)工作的有关政策、制度和规定,协调校内有关部门为毕业设计(论文)工作的顺利开展提供场地、设备、经费等方面的保证,负责对毕业设计(论文)的选题、开题、中期检查、答辩等教学环节进行质量监督和检查,并进行毕业设计(论文)工作的考核、总结、组织经验交流和质量评估等。

在学校的管理制度基础上,电子工程与自动化学院成立毕业设计(论文)领导小组,具体负责本单位学生毕业设计(论文)的组织、管理工作,定期检查、指导各教研室毕业设计(论文)工作的进度和质量,包括做好选题、开题、中期检查和答辩等环节的检查,并为指导教师和学生提供适当的资料、实验条件、调研途径等,审批答辩委员会和答辩小组,做好毕业设计(论文)工作总结,及时将总结报告上报教务处。

学院的各个系确定指导教师资格(院内、院外以及企业导师)后,组织教师拟定毕业设计(论文)题目,并组织审查;检查督促教师加强对学生的考勤和指导,把握毕业设计(论文)工作的进度和质量;组织安排好开题报告、中期检查、结题验收和学生答辩等工作;组织毕业设计(论文)的评阅、答辩和成绩评定;答辩过程中,安排校外企业工程师全程参与,参与方案可行性的分析,设计制作存在的问题,以及毕业设计的总结分析等,各系安排专人负责撰写毕业设计(论文)的工作总结,并及时将工作总结报送学院办公室。

测控技术与仪器专业毕业设计主要分为工程设计类、实验研究类、软件开发类,审题阶段确保了毕业设计题目既要满足学校的管理规定,又要体现专业特点,每年95%以上的毕业设计属于工程设计类题目。通过毕业设计(论文),使学生在掌握基本理论、基本知识和基本技能的基础上,受到工程设计和科学研究的综合训练,培养学生独立分析问题、解决问题的能力和进行科学研究的能力,以及认真、求实、刻苦、创新的工作作风,帮助学生完成从学习岗位到工作岗位的初步过渡。

3. 企业、行业专家参与毕业设计和实践教学过程

测控技术与仪器专业聘请了企业、行业专家参与毕业设计、生产实习的教学。学院制定了"外出毕业设计管理制度",明确只有签订了三方协议的学生和卓越班学生才可以申请校外毕业设计。校外毕业设计实行双导师制,企业导师应给出与专业相关的题目,并明确任务及要求。外出进行毕业设计的学生需填写"电子工程与自动化学院校外毕业设计(论文)申请表",学院审核同意后才可以去企业进行毕业设计环节,企业导师认真监督并指导其完成毕业设计,学生每周需向校内导师汇报毕业设计情况,并填写"外出毕业设计情况汇报表",返校后,需参加院级毕业设计答辩。

近年来，学校先后与以下企业发展了合作：聘请桂林长海发展有限责任公司共9位工程师参加测控技术与仪器专业毕业设计验收和答辩，根据企业生产、技术研发和行业背景对学生进行指导；聘请柳州长虹机器制造公司等17家公司共56名工程师作为生产实习企业导师，使学生了解实习单位的概况、组织机构、质量管理、产品种类、生产规模、设备类型、生产任务及生产的组织与管理等；学习车间典型工艺、生产流程、常见工艺缺陷及产生原因，掌握常用测量仪器在整个生产中的使用过程；学习现代企业生产的组织与管理、安全生产教育、仪器仪表生产工艺过程、现场使用过程、自动化生产线的现场情况；学习加工中心技术、数控机床技术、热处理及铸造技术、光学器件加工技术、计量仪器仪表、测控技术应用、质量检测体系和全面质量管理等内容；了解目前工业中所采用的新设备、新工艺、新方法、新材料及其发展趋势。

(三) 双导师制未来发展的思考

双导师制度的确立源于《教育部关于做好 2009 年全日制专业学位硕士研究生招生计划安排工作的通知》。经过十余年的实践，双导师制在提高研究生培养质量方面的作用日益显现。很多学校都会在硕士研究生培养阶段采用双导师制来进行校企联合培养的模式，通过联合培养，提高了研究生创新能力。然而，很多企业导师并没有经过专门的培训，只是以传统的师傅带徒弟的形式对学生进行实习指导。本科教育是中国高等教育的主体，在高等教育结构中居中心地位，双导师制也可以在本科生的培养中进行大胆尝试。另外，双导师一般都是指一个校内导师和一个企业导师，这种形式的优势已经不言而喻，但是，作为中国高等教育的主体——本科教育的日益大众化，企业是否愿意或者有能力提供足够的企业导师来辅助高等教育还有待进一步探讨。

1. 以完善的管理制度遴选合格的企业导师

导师是人才培养中的重要角色，承担了学生的学习、生活、科研、实践等全过程、全方位的育人任务。从培养研究生方面来看，研究生导师是培养过程的第一责任人，除了正常的研究生理论课程与实践课程以外，还要承担着毕业设计(论文)的选题、开题、实施过程、毕业论文的撰写等指导工作；除此之外，还要承担学生的思想教育、学术伦理教育等工作。研究生校内导师有着严格的资格评审、学历和职称的要求，学校也会有相关的管理规定。相对于校内导师而言，校外导师的筛选就没有那么严格，他们主要负责对学生进行专业实践工作的指导，他们有相应的学历和职称，有丰富的工程实践经验，在解决实际工程问题和创新实践方面能力较强，但就大多数企业来说，并没有专门的教育管理制度，对这些导师们进行教育学的培训，他们的育人经验往往来自实践，这就导致了校外导师的能力参差不齐，是否热衷于教育事业也未可知。因此，作为教育事业的重要角色，对企业导师也应该经过一系列的教学培训，制定相应的管理制度，逐步形成一个校外的教育群体。

2. 双导师制需要在本科生的培养中发挥积极的作用

目前，双导师制是作为研究生培养的一种手段，是研究生校内培养的有效补充，在本科生的培养中较少采用。随着习近平总书记"以本为本"精神的提出，国家在本科生人才培养方面，更加关注学生创新实践能力的培养。传统的本科人才培养模式主要以理论教学为主，实验教学大部分也属于验证性实验，缺乏主观学习的引导，这样的教学模式，不利于学生创新能力和实践能力的培养。在本科生阶段，适当采用双导师制的培养方式，可以培养学生理论联系实际的能力，激发学生创新能力的提高，有利于复合应用型人才的培养。

3. 跨专业的双导师制将是一个研究方向

本科生人数众多，而企业中适合或有意愿做导师的工程师并不多，这势必会造成导师数量不足以支撑全部学生实行双导师制的问题。因此，还需要寻求一种有效的替代方式。在学校挖掘或培养一批具有严谨的治学态度、热爱教育事业、具有实践经验的跨专业教师作为第二导师，不失为一种积极的方式。首先，这种方式可以解决企业导师数量不足、能力参差不齐的问题，可以作为校企双导师制的一个补充；其次，跨专业的导师具有不同的专业背景，可以帮助学生开阔视野，给予不同的案例和解决方案，有利于学生解决实际问题思维的培养；最后，专业的融合是科学发展的趋势，跨专业的培养可以适应时代发展的需要，帮助毕业生更快地融入社会。

第三节　课程互补，实践融合，实现学生知识及能力综合化

"三维四层"人才培养模式的第三、四层次重在教学"软件"建设，通过教材共建、课程共上、实验综合化以及增强课外实践等环节提升学生的知识复合、能力复合与素质复合。本节主要以"三维四层"人才培养模式框架为脉络，融入电子工程与自动化学院以及生命与环境科学学院对跨学科复合应用型人才培养的思考以及实践工作，包含"融合型"教材建设的实例，环境工程专业与生物医学工程专业针对培养"环境+健康+电子技术"人才所设计的课程体系，测控技术与仪器专业在综合性实验及工程实践环节开展的改革工作等。

一、跨学科复合应用型人才培养与"融合型"教材建设

高等教育教材建设是保证和提高教学质量的重要支柱，是课程建设的必要条件和重要

环节。教材是知识的载体和教学的材料，是实现课程目标的重要工具。在《教育部关于加快建设高水平本科教育全面提高人才培养能力的意见》(教高〔2018〕2号)文件中指出，"要充分发挥教材育人功能，加强教材研究，创新教材呈现方式和话语体系，实现理论体系向教材体系转化、教材体系向教学体系转化、教学体系向学生的知识体系和价值体系转化，使教材更加体现科学性、前沿性，进一步增强教材针对性和实效性。"

传统的教材过于强调理论知识的传授，按照学科体系进行知识构建，这些特征已不能适应跨学科复合应用型人才培养需要。教材建设要遵从工程教育的教育理念，适应当前学科专业发展的新趋势，服务于跨学科复合应用型人才培养模式改革。

(一) 教材建设的人才培养价值

高等学校的根本任务是为社会培养和输送合格的人才，而培养人才的主要途径是由教师教授给学生各种必要的知识，其中教材上的知识无疑是最基本最重要的。教材是知识和方法的载体，是教师传授知识的主要依据。教师的课堂讲授多根据教材安排教学内容，而接受高等教育的学生也是利用教材进行自学的，教材是其汲取和巩固知识的主要源泉。教材不仅是教学的基本条件和工具，也是教学理念和思想的体现。在对专业课程教材的学习过程中，学生掌握了本专业必需的专业知识，为进一步深入研究该学科和自学其他相关课程打下了良好的基础，为步入社会成为专业人才奠定了坚实的基础。可见，高校教材在培养人才过程中占有极其重要的位置。高校教材建设是高校人才建设的基础，加强教材建设对提高教育质量，培养适应社会发展的创新型人才，促进高等教育事业的发展有着极其重要的意义和作用。

教材建设要服务于人才培养。新时期，我国高等教育的四大功能分别是人才培养、科学研究、社会服务、文化传承创新。一本好的教材应当有它的内涵和灵魂，不但概念要准确，分析要缜密，还要启人智慧，要使学生获得真才实学，启发学生的创新和创造能力。这类教材有益于对学生的培养，并为世人所认可。因此，教材的内容在思想性、科学性、系统性等方面，对于人才培养起着导向的作用。

教材是体现教学内容和教学方法的知识载体，是进行教学的基本工具，是教学改革与教学研究的物化成果。教材建设是在一定时期服务于一定教育机构教学、围绕实现人才培养目标而实施的有计划、有组织的社会行为。从我国近代高等教育教材诞生起，教材建设始终围绕"培养人才，传授知识"的主题。在不同的阶段，培养什么样的人才，传授什么样的知识，教材具有鲜明的时代印记。高等教育教材建设历来体现了社会发展和科学进步，高等教育教材在发展与变革中支撑着人才培养目标的实现[①]。

---

① 李辉. 中国近代高等教育人才培养目标与教材建设[J]. 高教探索, 2019, 200(12): 97-100.

教材是"课程思政"的有效助力和重要载体。教材是课程教学的主要工具，它不仅承载了学科知识，同时也传承了社会文化与思维价值。党的十九大以来，教育部把推进习近平新时代中国特色社会主义思想"进教材、进课堂、进头脑"工作，作为教育系统的头等大事。好的教材能够引领学生走上健康成长的道路。因此，理工农医类专业的教材，也要注意价值导向，积极挖掘蕴含在其中的思想政治教育元素，并使之融入教材教程教学系统，发挥各门课程的育人功能，推动价值引领、知识教育、能力培养协同发展，相得益彰，实现思政教育全覆盖、无死角、无遗漏。

新时代的教材建设要有新理念、新举措。当代教材建设应以教材思政、课程思政为核心，以教材建设体系为抓手，以体现学生为中心的能力培养为重点；要体现基础性、时代性和先进性，正确把握经典与现代、宽泛与精深、理论与实践、显性与隐性的辩证关系；要体现现代信息技术在教材建设中的充分运用；教材建设要与课程改革相结合；建立起多样化、高质量、高效率、整体优化配套的教材体系。

(二) 知识融合与学科交叉背景下教材改革的方向

知识系统[①]是由相互联系和相互作用的各种要素构成的有机整体，而学科交叉就是对具有明显知识界限的传统学科的必要补充。美国学者凯西(B. A. Casey)指出，学科就像海洋中的岛屿，需要通过学科交叉形成新的群岛式学科模式。美国教育学家布鲁恩(J. G. Bruhn)将学科交叉性学习与研究定义为"两个或更多不同学科的人就共同关注的问题进行探究、设计、实施和达成共识的过程"。还有学者认为，团队合作是学科交叉学习与研究的重要机制，多个学科人员作为一个网络或团队在此过程中不断交流概念、想法、数据和方法。交叉性学习不是对多个学科的简单罗列，而是指让两个或更多学科的知识和思维模式整合起来解释现象、解决问题甚至创造产品。

学科交叉与知识融合是众多学科之间的相互作用与集成，有利于解决人类面临的重大科学问题与社会问题。面对跨越学科界限的领域问题，强调知识融合及其综合思维，即能够整合不同学科的知识来解决具体的问题。内容性知识包括基本知识与学科专业信息。在知识爆炸的网络时代，没有知识面的广度，就不会有专业工作的深度，学生不需要掌握各个学科的知识，但确实需要有整合的能力，有足够的深度来反思各学科的本质并进行有意义的联系。

大数据环境下，多个学科领域都在累积各种形式的多源知识，知识融合成为当前十分重要的研究课题。与单一来源的知识相比，融合的知识具有更多的维度和广度，可以

---

① 杨鹏, 张征宇. 美国高校教学实施学科交叉与知识融合的经验及启示[J]. 黑龙江教育学院学报, 2019, 38(10): 47-51.

为观察、比较和理解同一个问题提供不同视角。应用知识融合的思想、理论、方法、技术、模型可以进行多元知识融合，从而产生新的知识，丰富知识的内容和层次，提高知识的信度，构建更完善的知识体系，提供更全面、精准、智慧的知识服务，促进决策水平的提高。

在此背景下，面对跨学科复合应用型人才的培养，教材的改革应包括以下内容：

1. 教材知识体系的改革

教材作为教学内容和教学方法的知识载体，是对值得传授的知识形态的界定，被认为是最基本的、权威的知识体系，在大学课程教学过程中发挥核心作用。教材不仅是知识的沉淀和积累，具有一定的系统性和稳定性，也是一个知识生产的过程，具有连续性、积累性、探索性和周期性的特点，而且还具有很强的"未来性"。教材不仅是知识生产、知识创造的过程，更是知识选择的过程。知识的选择既遵循学术的逻辑，注重科学性和时代性，也遵循经济逻辑和政治逻辑，突出现实性和政治性。高等学校教材需要实现知识与人的结合。

现代工程学科之间体现的是交叉融合，知识间相互贯通。这种以综合性为主的学科之间的交叉融合也体现在人才培养上，教材建设需要设计和构建学科交叉融合的内容体系。教材的编排不仅要体现本学科的知识，还要把相关学科的先进理论、前沿科研成果吸纳到教材中来，应体现学科间的相互渗透和知识的再生。教材内容的阐述应多用启发性语言来表达，实现教材内容成熟与创新的有机统一，使学生通过学习教材，体会到工程知识的综合性和学科之间的关联性，从而培养学生系统思考的能力和整合不同学科之间观点的能力，培养学生发散性思维能力和全面认识问题、解决问题的能力。教材要着力凸显交叉学科边界模糊领域学术上的各种争鸣观点，为学生可能提出不同结论、观点留出思考和讨论的空间，为修正与创新已有理论和观点提供机会和条件，从而培养学生形成多维学术视野，以及比较、鉴别和选择等理性能力。

在新工科背景下，教材内容不仅要体现对学生工程能力的培养，更需要向"科学+人文+工程+其他"方向拓展，在传统教材的基础上，将通识知识与专业知识有机结合，并融入思政教育，合理引入前沿知识、新技术和新方法，使教材知识体系更完善。教材的结构布局既要体现点线面的知识系统性，又要体现知识点的跳跃性；既要体现各章节的相对独立，又要体现重点知识的前后衔接。

教材应强调理论知识和应用知识相结合的特点，从学生掌握基本理论、基本方法等知识入手，着重强调理论知识和方法与工程实际应用相结合，不仅给学生提供学习知识，同时教会学生如何应用知识解决具体问题。通过重组教学内容，在保证基础理论知识系统性的同时，将工程应用案例和工程应用习题引入到阶段性目标测评内容中，从而有助于帮助学生建立相关的工程概念。

梳理电子信息类专业的核心知识体系、基础课程体系和专业课程体系，将优秀的研究成果融合到教材知识体系，反映到教材内容中。确立关联教材的知识关系和内容衔接，教材自身的知识结构和内容组织，教材中理论知识和实践内容的设置等。将知识体系与工程实践有机结合，从系统实现的角度，依托工程实例介绍基础知识。以任务为牵引，按照需求、认知、设计、仿真、验证等流程，建立知识体系，培养工程素质。符合学生的认知规律，知识结构体系化，理论讲解透彻，培养思维方式和学习能力。理想的方式是教学与应用相结合，教师与企业工程师联合编写。

2. 教材知识的融合

新工科专业教材需要打破单一学科专业课程教学内容的局限，体现学科专业之间的相互融合、课程之间的相互衔接，将教材内容放在整个新工科人才培养体系中的相应位置进行设计。针对不同工科专业的学生，除了介绍本学科的知识，还要把相关学科的先进理论、前沿科研成果吸纳到教材中来，使学生通过教材体会到工程知识的综合性和学科之间的关联性，了解最新技术在不同工程技术领域的应用，形成大局观、系统观和综合观，培养从多学科的视角看待问题、分析问题、解决问题的思维习惯[1]。此外，应加强教材与现代信息技术手段的融合，通过技术手段弥补新工科专业课程体系和教学内容不断调整变化的不足。

目前很多教材在知识点的设置方面，一定程度上对不同领域知识进行了交叉和融合。但大学人才培养方案根据专业发展需要，不断进行更新完善，开设的课程越来越多，课程知识点进行相应更新，课程素材和案例日渐复杂，行业应用需求在不断增多，教材在编写时经常出现脱节问题，不同学科之间的关联性在教材里也难以体现。在"新工科"对综合型人才的需求模式下，教材编写必须考虑对不同学科知识的融合和吸收，强调多个学科和多个知识点之间的有效衔接[2]。

(三) "融合型"教材建设的内容

1. 教材应融合创新内涵

教材内容应着力体现创新内涵，在教材建设中构建以创新能力培养为主线，培养学生知识创新、技术创新、管理创新的能力，进而塑造其创新情感和创新人格。教材应以跨学

---

① 时阳. 产学合作视角下新工科专业教材建设初探[J]. 计算机教育, 2020, 309(9): 183-186.

② 宋亚卿. 浅议"新工科"背景下的教材建设与改革[J]. 新闻研究导刊, 2020, 11(6): 228, 232.

科的综合性视角,逐步培养学生整合不同学科观点、全面认识与解决问题的能力。在尊重知识传承规律的基础上,教材除介绍本课程基本内容、原理和应用外,还应融合其他学科与本学科的联系及其他学科中的应用,并吸收前沿知识,科技发展成果,从而实现教材知识全面、知识创新和知识前瞻的有机统一。教材的编排要重演知识的产生、发展和演变过程,有助于让学生了解知识创新的基本路径和模式,培养学生的创新能力。

2. 教材应融合认知规律

每一种类型的教材都是结合一定的理论基础和生活实践,从不同角度或方法出发,形成的对相关主题的不同看法和见解。教材应引导学生乐于进行探索性学习,通过循序渐进的知识体系安排,遵循学生的认知规律,使学生通过听课、自学能够基本掌握课程相关知识。通过适当的教材内容安排,明示教材的重点、难点、思路等,以较强的可读性,去引导学生思考、探讨问题。

3. 教材应融合实践应用

教材需要注重理论阐述与实践应用相结合,通过理论知识指导实践应用,在实践应用中强化理论知识。教材内容体系以基础理论为主,并将基础理论向应用实践延伸,介绍基础理论的应用领域和应用方法、在实践检验过程中总结出来的理论以及仍然存在的尚未解决的困境。教材要注重加强对学生信息加工能力、动手能力,熟练掌握和运用创新技法的能力,创新成果的表达、表现能力以及物化能力等的培养。在教材中增加"案例问题讨论"式的思考题,激发学生的创新意识和创新灵感。

4. 教材应融合跨学科知识

针对不同专业不同的知识需求,对原有的理论教学内容进行适当的取舍和补充。与产品和技术有关的内容,需要及时更新,与时俱进,才能适应科学的飞速发展,适应现代化人才培养的需要。在新工科专业教材中需要体现多学科交叉融合的知识内容,打通不同学科或同一学科不同课程之间的关联,体现教学内容的相互衔接,同时将新工科学科的前沿知识和相关学科交叉知识、原理和方法融入教材,以培养学生的跨学科思维和跨界整合能力,开拓学生的视野。此外,如何在教材中体现"学生中心"的工程教育理念,激发学生的学习兴趣和探索精神,为个性化人才培养创造条件,也是新工科专业教材建设需要重新审视的内容。

(四) 知识融合教材改革探索及应用

陈尚松教授主编的《电子测量与仪器》教材作为高等学校电子信息类专业本科及专科教材,也可供从事电子技术工作的科技人员参考,还可作为各类成人职业教育的培训教材。该教材于 2005 年 1 月出版发行,2020 年 6 月发行第 5 版,累计印刷 9 万余册。该教材在建设过程中，形成如下特点：

(1) 相比同类教材，其内容较新、实用性强。在国内外厂商帮助下更新了教材中各种仪器参数，增加了一些国产的新型仪器的介绍和应用实例。

(2) 按国家技术规范对误差与不确定度进行了精练的阐述，删繁就简，概念明确，计算方法步骤清晰，更便于学习理解与实际应用。

(3) 按发展历程讲解仪器原理容易入门，叙述深入浅出，图文并茂，适合自学，同时也有些扩展或深入的内容可供教学和科研的不同需求选用。

(4) 理论联系实际，既讲电子测量原理，又讲具体仪器应用，通过实例与仪器型号参数介绍，加深学生对仪器的认识和对国内外技术水平的了解。

(5) "弘扬民族品牌，宣讲国产仪器"。书中列举了国产仪器型号、参数及实例，以树立民族自信心，激励我国电子仪器事业的发展。

(6) 专业教育与创新创业教育融合。多年来，本教材已成为众多高校学生参加全国大学生电子设计竞赛及相关学科竞赛的参考书目，在第 5 版中增加了相关的案例介绍，同时计划在后期的课程建设中增加关于这方面的视频讲座内容。

(7) 校企协同共建一流课程。"电子测量与仪器"作为一门专业课，及时满足企业需求，跟踪仪器技术的最新发展，是校企协同建设一流课程的必然选择。

该教材在建设中，充分考虑了知识融合，融合生活中的应用实例、软件工具、跨学科知识、前沿知识等多个方面。

1. 融合生活中的应用实例

(1) 在"权"的概念中引入学分绩的计算方法。在科研或高精度测量中，往往需要在不同的测量条件下，用不同的仪器、不同的测量方法、不同的测量次数及不同的测量者进行测量与对比，这种测量称为非等精度测量。各组测量结果的可靠程度并不一样，可靠程度高的在最后结果中占的比重大些，这种可靠程度称为"权"。在高校中，学分绩计算是学生每门课程的百分制分数按照学分的加权平均值，学分越高，在加权平均成绩里占的比重越大，此时课程的学分即"权"。用学生熟悉的学分绩计算方法，作为非等精度测量的"权"的应用实例，可以更好地理解"权"的概念和重要性。

(2) 在最佳测量点选择引用指针式万用表测量电阻作为实例。指针式万用表测量电阻，应通过调节挡位，尽量使指针处于 1/2 至 2/3 满度处，这样测量误差最小。该结论在中学物理中就已经掌握，但未必能了解其理论依据。通过回归分析法，求测量值误差函数对被测量的极小值，从而得到测量误差最小的测量点。以指针式万用表测量电阻为例，通过回归分析法的理论推导，当测量回路电流为最大电流的 1/2 时，即指针处于 1/2 满刻度处，测量电阻的相对误差最小。

2. 融合 Excel 软件工具

(1) 利用 Excel 进行最小二乘法直线拟合。在实际应用中，经验公式是在实验测量的基础上归纳出来的，可在一定条件下使用。这种经验公式以数学的方式客观反映了事物的内在规律性，且便于从理论上进一步分析研究。利用最小二乘法对实验数据进行拟合，获取最佳直线的经验公式是一个比较好的途径，通过应用实例讲述完整的最小二乘法拟合步骤。同时，引用 Excel 直线拟合功能进行对比，Excel 可以更方便快捷地获取经验公式，并且能实现多种形式的曲线拟合。

(2) 利用 Excel 绘制双斜积分式 A/D 转换器的串模干扰抑制特性曲线。双斜积分式 A/D 转换器对串模干扰信号有很强的抑制能力，以串模干扰抑制比衡量对串模干扰的抑制能力。

$$NMRR = 20\lg \frac{\dfrac{\pi T_1}{T_n}}{\sin \dfrac{\pi T_1}{T_n}}$$

当 T_1/T_n 为整数，即双斜积分式 A/D 转换器的采样期 T_1 为干扰电压周期 T_n 的整数倍时，NMRR＝∞，称为理想抑制条件；当 T_1 一定时，干扰信号频率 f_n 越高(即 T_n 越小)，双斜积分式 A/D 转换器对串模干扰的抑制能力越强；同理，当 T_n 一定时，T_1 越大，对串模干扰抑制能力也越强。在修订中发现，串模干扰抑制特性曲线存在一些问题，需要修正，利用 Excel 对 NMRR 公式以 f_n 为自变量求解一系列 NMRR，再进行绘图，能准确直观地得到双斜积分式 A/D 转换器的串模干扰抑制特性曲线，如图 3-2 所示。

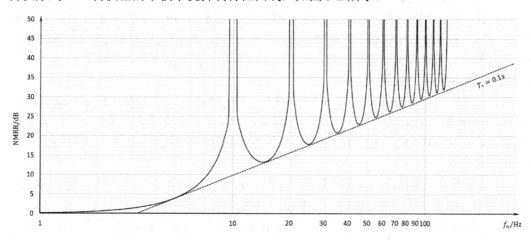

图 3-2　双斜积分式 A/D 转换器的串模干扰抑制特性曲线

3. 融合可测试性设计技术

随着封装技术、微组装技术及裸芯片技术的发展与广泛应用，数字系统朝着高密度、高速度、高可靠性和微型化方向快速发展，电路的规模剧增而物理尺寸锐减与测试困难的矛盾日趋尖锐。在 SMT(Surface Mounting Technology，表面组装技术)条件下已经难以使用常规物理探针进行测试了，而 MCM(Multi-Chip Module，多芯片模块)及裸芯片的应用，给测试带来更为突出的技术难题。常规的测试技术已难以满足复杂的测试要求，需要采用新的测试理论和测试方法才能解决这种测试困境。一般要求在系统甚至芯片设计的同时就要考虑系统的可测性问题。

(1) 边界扫描测试技术。作为一种新兴技术，边界扫描测试技术具有附加测试资源少、对器件和电路本身的性能影响小等特点，得到了迅速发展并广泛地用于电子设计与制造领域。边界扫描测试技术的应用提高了器件的可控性和可观察性，解决了现代电子技术发展带来的测试问题，提高了故障覆盖率，减少了故障诊断时间，具有良好的性价比，已日益成为可测试性设计中应用最为广泛的技术之一。边界扫描测试技术为芯片级、电路板级和系统级的测试注入了新的活力，为现代电子系统设备、军事电子装备、武器系统的开发与测试提供了新的理论与技术支持，并提供了一套完整的、标准化的数字电路可测试性设计方法，有效地解决了传统测试方法难以解决的测试问题，具有很好的应用前景。

(2) 数字系统边界扫描测试标准 IEEE1149.1。边界扫描的核心思想是在芯片引脚和芯片内部逻辑之间，即紧挨器件的每个输入、输出引脚处，增加移位寄存器组。在电路板的测试模式下，寄存器单元在相应的指令作用下，控制输出引脚的状态，读入输入引脚的状态，从而允许用户对电路板上的互联进行测试。

(3) 混合信号电路边界扫描测试标准 IEEE1149.4。IEEE1149.4 标准与 IEEE1149.1 标准的完全兼容，对混合信号电路中的数字部分，使用 IEEE1149.1 标准的规定进行边界扫描测试，而对混合信号电路中的模拟部分，IEEE1149.4 标准专门规定了特殊的边界扫描结构来实现模拟电路的边界扫描测试。

(4) 模块测试与维护总线标准 IEEE1149.5。IEEE1149.5 标准即模块测试与维护总线(MTM-Bus)标准，该标准详述了一个串行的模块测试与维护总线结构，提供一个标准化的背板模块测试和维护界面，用于将来自不同设计厂商的可测试模块集成到一个可测试和可维护的子系统中。

(5) 高级数字网络边界扫描测试标准 IEEE1149.6。IEEE1149.6 标准为高级数字网络的故障检测与诊断提供了一种完整的、标准化的可测试性设计方法。

(6) 双引脚测试与调试接口边界扫描标准 IEEE1149.7。IEEE1149.7 标准在 IEEE1149.1 标准的测试访问端口(TAP.1)上增加了新功能，其测试访问端口(TAP.7)在功能上划分为 6 个层次(T0～T5)，每个层次都在它上一层次的基础上增加新的功能。通过层次式开发模式的运用，设计人员可以根据需要将新功能增加至器件中。

4. 增加环境领域光谱分析

《电子测量与仪器》主要涵盖电子测量、计量、误差与不确定度、信号发生器、时频测量、电压测量、时域测量、阻抗测量、频域测量、数据域测试和自动测试技术等原理和相关仪器。

环境保护作为现代化建设的一项基本国策，环境分析监测受到了普遍关注。随着电子信息技术的发展，仪器分析法在环境分析中显示出更加重要的作用，已成为环境监测的主流，主要包括光学分析法、色谱分析法、电化学分析法和其他分析技术。因此在《电子测量与仪器》教材中融合环境检测方面的知识有着重要的意义。

环境领域光谱分析主要包括光学分析法、色谱分析法、电化学分析法和其他分析技术。光学分析法是以物质的光学性质为基础建立的分析方法，包括非光谱法和光谱法，其广泛应用于生物、化学、物理等领域，已成为仪器分析方法的重要分支。其中，光谱法具有较好的灵敏度、准确度和较快的分析速度，是环境监测中最常用的方法。

环境领域常用的光谱分析仪器主要利用近紫外区至远红外区范围的电磁辐射进行分析，通常通过测量试样的光谱进行定量或定性分析。试样的光谱是由于物质的原子或分子的特定能级的跃迁所产生的，各种结构的物质都具有自己的特征光谱，根据其特征光谱的波长可进行定性分析；而光谱的强度与物质含量有关，可借以进行定量分析。

根据电磁辐射的本质，光谱方法可分为原子光谱和分子光谱。根据辐射能量传递方式，光谱分析方法又可分为发射光谱、吸收光谱、荧光光谱等。

环境分析的光谱分析仪器按产生光谱的物质类型的不同，可分为原子光谱仪和分子光谱仪；按产生光谱的方式不同，可分为发射光谱仪、吸收光谱仪、荧光光谱仪和散射光谱仪等。以第五届中国"互联网+"大学生创新创业大赛广西赛区高教主赛道银奖作品"新型便携式户外分光光度计"为例，该仪器根据朗伯比尔定律测量物质吸光度来确定待测物质浓度，具有结构小巧、工程易实现的特点，提高了仪器在野外的快速部署能力。

5. 增加电气产品安全规范测试

安全规范是在产品认证中对产品安全的要求，电气安全性能参数是国家强制性认证的指标之一，也是反映电子产品和设备安全性能重要的参数。电气安全主要测试指标包括耐压、绝缘电阻、接地电阻和泄漏电流等。因此在《电子测量与仪器》教材中融合电气产品安规测试方面的知识可以更好地适应企业的需求。

(1) 产品安全的基本准则。产品在设计和生产中应避免以下危险的发生：触电和能量危险；火灾；热的危险；机械危险、辐射和化学危险。

(2) 电气设备防电击防护分类。《电击防护装置和设备的通用部分》(GB/T17045)规定了接至外电源的低压电工电子设备一旦基本绝缘失效按照触电保护所做的分类，依据该标准，电气设备分为0、Ⅰ、Ⅱ、Ⅲ类。

(3) 耐压测试。耐压测试，是指将规定的交流或直流高压施加在电气设备带电部分和非带电部分(一般为外壳)之间，以检查电器的绝缘材料所能承受耐压能力的试验。耐压测试即电介质强度测试，亦称 HiPot(HiPot, High Potential, 高电势)测试，是经常执行的生产线安全测试。实际上，它是每个安全标准的一部分。HiPot 测试是一个非破坏性的测试，适用于所有设备，以确保绝缘材料的绝缘性能，确保可以抵抗瞬间高电压。通过 HiPot 测试，可以检查出可能的瑕疵，譬如在制造期间的漏电距离和电气间隙不够。进行型式试验，为了验证产品能否满足技术规范的全部要求所进行的试验，即型式试验，在失效测试、潮态测试及振动测试等测试之后进行 HiPot 测试，可确定型式试验进行的这些测试是否造成设备绝缘性能的退化。

(4) 泄漏电流测试。泄漏电流测试，是指在没有故障施加电压的情况下，电气设备中带相互绝缘的金属部件之间，或带电部件与接地部件之间，通过其周围介质或绝缘表面所形成的电流称为泄漏电流。

《接触电流和保护导体电流的测量方法》(IEC60990)把泄漏电流分为接触电流和保护导体电流两种。保护导体电流是指有保护连接的电器产品的保护导体线上流过的电流。接触电流是当人体或动物接触一个或多个装置的或设备的可触及零部件时，流过他们身体的电流。

泄漏电流的测试也是安全测试中非常重要的一项，大多数安全标准要求在不同的条件下进行测试，例如在正常操作条件下，电源开关打开及关闭，电源线极性对调等。对地泄漏电流在任何条件下都不可以超过限制。《家用和类似用途电器的安全》(IEC60335)中，Ⅰ类便携式器具的泄漏电流的限值是 0.75 mA，Ⅱ类器具的泄漏电流的限值是 0.25 mA。大多数标准，特别是在《信息技术设备的安全》(IEC60950)中，要求被测试设备是上电的状态下进行测试，测试设备的供电电压是额定值的上限的 110%，同时频率为最高的额定频率。为了安全的因素，该标准强烈要求使用隔离变压器来进行测试。

(5) 绝缘电阻测试。绝缘电阻测试，是指将规定直流高压施加在电器带电部分和非带电部分(一般为外壳)之间以检查电器的绝缘阻抗。与耐电压测试一样，绝缘电阻测试也是为了防止电器产品的触电、火灾等事故而进行的测试。耐电压测试是以是否引起绝缘击穿来检出绝缘不良，而绝缘电阻测试则是以测量绝缘物的电阻值来检出绝缘不良。

(6) 接地电阻测试。被测器具接地装置与金属外壳的接地点之间应具有可靠的电气连接，其连接电阻应不大于 0.1 Ω。测试方法：依据欧姆定律，在接触点上流过一个电流，分别测量电流和两个接触点时间的电压值，然后计算出接地电阻。安规测试规范要求在接触点上流过一个恒定的电流并维持规定的时间，模拟被测器具发生异常时异常电流状况。假如在规定的时间内，接触点的电阻保持在规定的范围内，那么被测器具正常运转，是安全的。

(7) 电动汽车安规测试解决方案应用实例。电动汽车相关安全标准主要涵盖电动汽车整体、人体防护系统、电动车用电池、电动车马达控制器、电池管理系统和电动车充电设施等。介绍了以艾诺仪器公司八合一安规综合分析仪 AN1651H 实现电动汽车安规测试系统架构为应用实例，提出电动车用电池绝缘电阻测试方案、高压负载绝缘电阻测试方案、电位均衡测试方案、车载充电机测试方案等。

6. 宣传国产仪器

《电子测量与仪器》教材全面讲述了信号发生器、通用计数器、数字多用表、智能 LCR 测量仪、网络分析仪、频谱分析仪和逻辑分析仪等仪器的结构及原理与设计方法，并选取中电仪器公司 1465 射频信号发生器、成都前锋电子仪器厂 QF1485 矢量信号发生器、数英仪器的 DDS1302CA 数字示波器作为实例讲述仪器结构和原理，选取普源精电 DS1012D 混合信号数字示波器和中电仪器 AV4051E 频谱分析仪作为实例讲述仪器使用方法。在各类仪器中，将国产仪器的技术指标与国外同性能的仪器进行对比，了解国产仪器的差距。

国产部分仪器受芯片限制，发展较慢，应着力解决核心芯片的自主研发。普源精电公司自主研发的"凤凰座"芯片组突破了国产示波器 1 GHz 的带宽限制，在中高档数字示波器领域迈出了新的一步。决定数字示波器带宽和采样率这两项关键指标的芯片有三颗，分别是宽带差分探头放大器芯片 γ Phoenicis，带宽达到 6 GHz；示波器信号处理芯片 Ankaa，采样率达到 10 GS/s，具备模拟信号调理和示波器数字信号处理功能；模拟前端芯片 β Phoenicis，带宽达到 4 GHz。

二、跨学科复合应用型人才培养下的环境工程专业课程体系构建

(一) 环境工程专业培养目标

环境工程是 20 世纪 70 年代以来，随着环境问题的日益凸显而发展起来的一门新兴综合性交叉学科专业，其涉及的学科领域有化学、生态、地质、水文学、电子学、微生物学、经济学和数学等。环境工程致力于供水、各种污染控制和废物处理的过程和基础设施的开发；避免大气，水和土地资源的污染和退化，保持环境质量，预防疾病传播，保护公众健康。环境工程项目涉及饮用水的处理和分配；废水的收集、处理和处置；控制空气污染和噪音污染；市政固体废物管理和危险废物管理；清理危险废物场所；环境评估、审核和影响研究的准备。其所使用的技术包括数学建模和计算机分析等。环境工程职能包括应用研

究和教学；项目计划和管理；设施的设计、建造和运营；环保设备的买卖以及环境标准和法规的执行。

桂林电子科技大学环境工程专业以生态可持续发展为专业特色，以"全员育人"为原则，以"社会需求"为导向，结合学校电子信息学科背景，重视课程体系的更新，加强学生实践创新能力的培养，与时俱进，大胆改革，在向社会输送优质环境类复合应用型人才的道路上不断前行。

1. 人才培养目标

环境工程专业的人才培养目标是培养具有可持续发展理念和一定国际视野；具备环境科学与工程学科的基本理论、基本知识和基本技能；具有电子信息知识背景，适应行业和地方需求的德、智、体、美、劳全面发展的应用型环保专业人才。学生能够在环境保护及相关领域从事工程设计、施工指导、运行调试、环境监测、设备维护与智能控制、技术研发等工作。

2. 具体培养目标

具体培养目标主要有以下几个方面：

(1) 具备从事环境工程设计、施工指导、调试运行工作的能力。能够运用现代分析方法、设计工具和经济决策方法，针对具体的污染控制工程问题，设计和优化相应的处理工艺，形成设计图纸，并能够现场指导工程的施工，完成环保设施的运行调试工作。

(2) 具备从事环境监测、设备维护与智能控制工作的能力。针对具体的监测任务，具有设计监测方案、选择监测方法开展分析测试、数据处理与评价的能力；充分发挥具备的电子信息知识背景优势，能开展环境自动监测系统的运行及相关仪器设备的维护和智能控制工作。

(3) 具备从事技术研发工作的能力。熟悉技术研发过程和方法，对环境领域前沿有较深入的理解，经过再学习和工作实践，能参与重要课题的研究，成为团队中的主要研究力量。

(4) 具备良好的品格和科学文化素养，遵守职业道德与规范，具有社会责任感；具有可持续发展理念，能够评价具体环境工程问题解决方案对社会、健康、安全、法律、文化和环境等因素的影响；能成长为德、智、体、美、劳全面发展的社会主义事业合格的建设者和可靠接班人。

(5) 具备良好的团队协作精神和一定的组织能力，具备一定的国际视野，能够在多元环境条件下有效沟通，协调实施环保领域的项目；具备终身学习和专业发展能力。

3. 毕业要求

本专业所培养的毕业生应达到以下知识、能力与技能的要求：

(1) 工程知识。毕业生具备环境工程专业所需的数学、自然科学、工程基础和专业知识，能够运用其理论和方法解决环境污染治理工程设计、运行和管理方面的复杂环境工程问题；同时，能充分利用电子信息知识背景，具备解决环境监测及设备维护与智能控制等方面的复杂环境工程问题的潜能。

(2) 问题分析。毕业生能够应用数学、自然科学和工程科学的基本原理，结合环境领域专业知识识别、表达并通过文献研究分析复杂环境工程问题，以获得有效结论。

(3) 设计/开发解决方案。毕业生能够设计针对复杂环境工程问题的解决方案，设计满足特定需求的系统、单元(部件)或工艺流程，并能够在设计环节中体现创新意识，能考虑社会、健康、安全、法律、文化以及环境等因素。

(4) 研究能力。毕业生能够基于科学原理并采用科学方法对复杂环境工程问题进行研究，包括设计实验、分析与解释数据并通过信息综合得到合理有效的结论。

(5) 使用现代工具。毕业生能够针对复杂的环境工程问题，充分发挥电子信息知识背景优势，开发、选择与使用恰当的技术、资源、现代工程工具和信息技术工具；能够对复杂环境工程问题进行预测与模拟，并能够理解其局限性。

(6) 工程与社会。毕业生能够基于环境工程相关背景知识进行合理分析，评价专业工程实践和复杂工程问题解决方案对社会、健康、安全、法律以及文化的影响，并理解应承担的责任。

(7) 环境和可持续发展。毕业生能够理解和评价针对复杂环境工程问题的工程实践对环境、社会可持续发展的影响。

(8) 职业规范。毕业生具有人文社会科学素养、社会责任感，能够在环境工程实践中理解并遵守工程职业道德和规范，履行责任。

(9) 个人和团队。毕业生能够在多学科背景下的团队中承担个体、团队成员以及负责人的角色。

(10) 沟通。毕业生能够就复杂环境工程问题与业界同行及社会公众进行有效沟通和交流，包括撰写报告和设计文稿、陈述发言、清晰表达或回应指令并具备一定的国际视野，能够在跨文化背景下进行沟通和交流。

(11) 项目管理。毕业生理解并掌握环境工程管理原理与经济决策方法，并能在多学科环境中应用。

(12) 终身学习。毕业生具有自主学习和终身学习的意识，有不断学习和适应发展的能力。

(二) 环境工程专业课程体系设置

近年来，国内不少高校结合本校办学目标与办学特色，加强了环境工程专业跨学科人才的培养，在课程体系中有针对性地融入不同的学科方向，建设了跨学科课程体系。例如，郑州航空工业管理学院环境工程专业对课程体系进行整合和优化，立足于学校航空优势平台，通过跨学科建设带动专业发展，依托航空工程学科开设"航空工程概论"等课程，帮助学生了解航空工程与环境工程专业的交叉理论；并依托学校材料学科开设了"航空材料腐蚀防护"等课程，建设跨学科复合型课程体系[①]。又如，宁波大学土木与环境工程学院，结合宁波作为沿海城市的需求以及便利性，突出对海洋环境人才的培养，在课程体系中开设了"海洋生态工程""近海环境监测与评价""海洋资源与环境论坛"等选修课程[②]。再如，北京林业大学环境科学与工程学院，结合学校林业学科以及学校在生态保护领域的学科优势，开设了"植物学""环境生态学"等课程[③]。

　　桂林电子科技大学生命与环境科学学院环境工程专业是广西特色优质专业，现有环境科学与工程一级学科硕士点。专业严格遵守本科专业类教学质量国家标准，并以先进的工程教育认证理念建立培养体系，在夯实环境工程设计、污染治理、环境监测与评价等相关知识的基础上，充分结合学校在电子信息学科领域的优势，设置"单片机原理""传感器原理与应用""环境数据处理与数学模型""环境自动检测技术"等选修课程，强化学生的电子信息知识背景。

　　本专业结合我国环境监测实际，以中国环境监测技术路线为指导，以最新环境监测标准和规范为依据，以连续采样实验室分析为基础，以自动监测为主导，以生态监测、应急监测为辅助，对课程体系进行了优化组合，突出了环境监测的科学化、自动化、网络化、信息化；注重了环境资源调查与分析、环境质量监测、环境影响与评价、环境工程、环境规划与管理等方面的有机融合；强调了本学科知识在实践中的应用性；从监测技术路线、自动监测、监测网络、监测信息、总量控制、通量控制、质量保证和质量控制等全方位把握当今环境监测的现状与发展趋势。

　　本专业的课程体系严格按照《普通高等学校本科专业类教学质量国家标准》以及《国家工程专业认证标准》的要求进行设置，紧跟时代发展以及社会需求。环境工程专业课程体系设置如表 3-3 所示。

---

① 牛俊玲, 李庆召. 跨学科驱动下环境工程专业课程体系的重构路径研究[J]. 管理工程师, 2020, 25(05): 63-68.

② 姚敏. 工程教育认证下环境工程专业的课程体系优化[J]. 教育现代化, 2020, 7(10): 86-87.

③ 程翔, 孙德智, 王毅力, 等. 基于工程教育认证标准的环境工程专业课程教学体系的构建: 以北京林业大学为例[J]. 中国林业教育, 2017, 35(01): 35-38.

表 3-3　环境工程专业课程体系设置

课程类别	课程名称
通识必修课	思想道德修养与法律基础
	马克思主义基本原理概论
	毛泽东思想和中国特色社会主义理论体系概论
	中国近现代史纲要
	形势与政策 1~8
	大学英语 1~4
	体育 1~4
	军事理论
	职业生涯规划与就业创业指导 1~2
	写作与沟通 1~2
学科基础课	高等数学
	工程制图 C
	C 语言程序设计 A
	线性代数 B
	大学物理 A1~A2
	概率论与数理统计
	电工学
	单片机原理
专业基础必修课	无机化学
	有机化学
	物理化学
	分析化学
	环境学导论
	工程力学
	环境工程原理
	环境工程微生物学
	环境监测
	环境化学
	专业英语(环境工程)
	仪器分析

续表

课程类别		核心课程	课程名称
专业限选课		★	大气污染控制工程
		★	物理性污染控制
		★	水污染控制工程
			环境自动检测技术
		★	固体废物处理与处置
			环境规划与管理
		★	环境影响评价
		★	环境数据处理与数学模型
			环境工程技术经济与造价管理
			环境工程施工技术
专业任选课			智慧环保系列讲座
			工业废水处理工程
			排水管网工程
			环境生态学
			环境保护与可持续发展
			清洁生产
			污染土壤修复技术
			传感器原理与应用
			环境遥感
			PLC 程序设计
			环境信息系统
通识选修课	全校通识选修课		通识教育选修课程分为自然科学与技术工程类、人文与社会科学、经济与管理类、美育与艺术类、心理健康教育类、创新与创业类等六大类课程。 全校所有学生均需修读通识教育选修课程 8 学分，其中创新与创业≥2 门，心理健康教育类≥1 门，美育与艺术类≥2 门；理工类专业另外必修经济与管理类≥1 门；经管文法艺术类专业另外必修自然科学与技术工程类≥1 门。(若选修与本专业重复或相近的课程不计入学分)

续表

课程类别	课程名称
实践环节	新生入学教育(大学生安全教育、新生心理行为训练等)
	军事技能
	C 语言程序设计 A 实验
实践环节	专业认知实习
	计算机工程训练与创新设计
	机械工程训练
	环境工程 CAD 训练
	物理实验 1-2
	大学化学实验(无机、分析、有机)
	仪器分析实验
	环境工程微生物实验
	环境监测实验
	污染控制工程实验(大气、水和固废)
	水污染控制工程课程设计
	大气污染控制工程课程设计
	环境电子课程设计
	固体废物处理与处置课程设计
	生产实习
	毕业实习
	毕业设计(论文)

在整个课程体系中充分考虑到跨学科复合应用型人才培养的需求,通过设置相应的课程为学生提供电子信息、仪器仪表等学科的知识,例如:

(1) 使学生能够综合运用环境专业知识和电子信息背景知识,解决环境监测、设备维护与智能控制等复杂工程问题,通过设置"单片机原理""环境监测""环境自动检测技术""环境电子课程设计"等课程进行支撑。

(2) 使学生能够充分利用电子信息背景知识,掌握环境工程专业常用的现代仪器、信息技术工具、工程工具和模拟软件的使用原理和方法,并理解其局限性,通过设置"仪器分析""C 语言程序设计 A""环境工程 CAD 训练""单片机原理""计算机工程训练与创新设计"等课程进行支撑。

(3) 使学生能够选择与使用恰当的仪器、信息资源、工程工具和专业模拟软件，对复杂环境工程问题进行分析、计算、设计、预测与模拟，并能够分析其局限性，通过设置"仪器分析""C 语言程序设计 A 实验""环境工程 CAD 训练""环境数据处理与数学模型"等课程进行支撑。

为了进一步规范教学过程，加强课程建设，提高课堂教学效果，避免同一类型课程之间内容重复、脱节等问题的发生，深化课程体系及教学内容改革，同时也为专业工程认证做好前期准备，专业实行了课程群制度。原则上将专业培养方案中课程性质相近、内容前后衔接紧密的相关理论课程组成课程群。与理论课程联系紧密的实验、课程设计等实践环节也归属在同一课程群中。每个课程群设立课程群负责人一名，课程群内相关课程的授课教师为课程群成员。由课程负责人召集课程群成员召开教学研讨会，对课程的教学大纲、教材、授课计划、教案等进行集体讨论，确保各门课程之间的有序衔接。其中，教学大纲必须由课程群负责人和教研室主任共同审核。

三、跨学科复合应用型人才培养下的生物医学工程专业课程体系构建

(一) 生物医学工程专业人才培养目标

生物医学工程(Biomedical Engineering，BME)是一门年轻的交叉学科，其主要特点是运用工程学和应用科学的知识和技术解决生物学和医学领域的科学问题，充分研究生命系统及其行为以及开发相关的生物医学系统和设备，最终帮助患者得到更好的照料以及提高健康个体的生活质量。生物医学工程师常同医生、治疗师以及学术研究者共同工作，以解决临床问题。同该专业相关的应用实例包括生物兼容的假体、医疗器械、诊断设备、植入装置、物理治疗设备以及可穿戴设备等。

生物医学工程在医学和生物学领域结合物理、化学、数学和计算机科学与工程学原理，以此创建解决方案，解决与医学、环境、职业和产品开发相关的广泛社会问题。生物工程师是设计和开发创新材料、工艺、设备、生物制剂等的人员，主要致力于预防、诊断和治疗疾病，使患者康复并从整体上改善健康状况。生物工程师还为工业过程问题提供无害环境的解决方案，并使用他们所掌握的生物系统知识来创建受生物启发的过程和产品。

近年来，生物医学工程的发展不断得到国家和社会的重视。早在 2013 年，国家发展和改革委员会在第十二届全国人民代表大会第一次会议上就提出"启动实施医疗器械、高端装备、新材料等重大专项"。同年，国务院在《关于促进健康服务业发展的若干意见》中提出"建立覆盖全生命周期的健康服务业体系，支持创新药物、医疗器械、生物材料、数字

化医疗、健康检测、监测与健康物联网等产品的研发和产业化①。"

作为一门交叉学科，生物医学工程所包含的领域非常广泛，因此开设这一专业的学校也是"百花齐放"，其中有清华大学、浙江大学这样的综合性大学，也有南方医科大学、首都医科大学等医科类大学，还有上海交通大学、西安电子科技大学等工科类学校。但是不同类型的学校所开办的生物医学工程的人才培养目标是有所区别的，例如曾有学者比较、分析了各高校生物医学工程专业人才培养方案指出，"所有院校课程体系结构均包括人文社科类、医学基础类、理工基础类和工程类核心课程。综合性或理工类高校的课程主要偏向于电子信息、计算机等理工方向，医科类高校的课程侧重于生物材料与生物力学、影像工程、医学物理、医学仪器等领域②。"因此，不同类型学校开办的生物医学工程专业的人才培养目标与课程体系应结合自身的学科优势与办学特色具体制定。

桂林电子科技大学生命与环境科学学院所建设的生物医学工程专业为广西优势特色专业、广西本科高校特色专业及实验实训教学基地(中心)建设专业。针对大健康产业对医学电子工程应用型人才的需求，坚持"以学生为根本，以素质为基础，以能力为核心，以需求为导向，以产学研相结合为途径，以服务人民健康为宗旨"的办学理念，以生物医学专业知识为基础，加强生物医学电子与仪器、生物医学传感与检测、医学成像、生物医学信息处理等方面的能力培养，突出人体生理信息无创/微创检测的鲜明特色，培养具有医学电子仪器与设备的开发、设计、集成与维护能力的工程应用型人才。

1. 人才培养目标

本专业培养德、智、体、美、劳全面发展，具有扎实的生物医学、电子技术、计算机技术和信息科学理论基础以及医学与电子信息相结合的科学研究与技术开发能力，适应社会与经济发展需要，能在医学仪器、生物传感及电子技术、计算机技术、信息产业等领域从事科学研究、应用开发、产品设计、技术管理等工作，具有社会责任感和国际视野的工程应用型人才。

预期五年以上的毕业生应实现：

(1) 具有工程职业道德与社会责任感，具有质量意识、环境意识和安全意识，适应独立或团队工作环境。

(2) 能与国内外同行、客户等进行有效沟通；具备理解和解决工程实践问题的能力。

(3) 拥有自主学习和终身学习的意识和能力，具有一定的职场竞争力。

---

① 祝元仲，何汶静，杨庆华，等. 医学院校生物医学工程专业应用型人才培养模式研究[J]. 中国医学教育技术，2016，30(03): 359-362.

② 王能河，但汉久，张志德.生物医学工程专业(医学影像工程)本科课程体系比较研究[J]. 现代仪器与医疗，2013，19(02): 70-74.

2. 毕业要求

本专业学生主要学习生命科学、电子技术、计算机与信息科学、医学仪器的基本理论和基本知识，接受严格的科学实验、技术开发训练和初步的科学研究训练，具有医学电子仪器设计、开发、管理和维护的能力。

本专业所培养的毕业生应达到以下的知识、能力与技能的要求：

(1) 工程知识。毕业生能够将数学、自然科学(物理和化学等)、工程基础(工程制图等)和专业知识用于解决复杂医学电子仪器工程问题。

(2) 问题分析。毕业生能够应用数学、自然科学和工程科学的基本原理，识别、表达并通过文献研究分析复杂医学电子仪器问题，以获得有效结论。

(3) 设计/开发解决方案。毕业生能够设计针对复杂医学电子仪器问题的解决方案，设计满足特定需求的系统、单元(部件)或工艺流程，并能够在设计环节中体现创新意识，同时考虑社会、健康、安全、法律、文化以及环境等因素。

(4) 研究。毕业生能够基于生物医学工程的科学原理并采用科学方法对复杂医学电子仪器工程问题进行研究，包括设计实验、分析与解释数据并通过信息综合得到合理有效的结论。

(5) 使用现代工具。毕业生能够针对复杂医学电子仪器工程问题，开发、选择与使用恰当的技术、资源、现代工程工具和信息技术工具，包括对复杂医学电子仪器工程问题的预测与模拟，并能够理解其局限性。

(6) 工程与社会。毕业生能够基于医学电子仪器相关工程背景知识进行合理分析，评价医学电子仪器工程实践和复杂工程问题解决方案对社会、健康、安全、法律以及文化的影响，并理解应承担的责任。

(7) 环境和可持续发展。毕业生能够理解和评价针对复杂医学电子仪器问题的工程实践对环境、社会可持续发展的影响。

(8) 职业规范。毕业生具有人文社会科学素养、社会责任感，能够在医学电子仪器工程实践中理解并遵守工程职业道德和规范，履行责任。

(9) 个人和团队。毕业生能够在多学科背景下的团队中承担个体、团队成员以及负责人的角色。

(10) 沟通。毕业生能够就复杂医学电子仪器工程问题与业界同行及社会公众进行有效沟通和交流，包括撰写报告和设计文稿、陈述发言、清晰表达或回应指令，并具备一定的国际视野，能够在跨文化背景下进行沟通和交流。

(11) 项目管理。毕业生理解并掌握医学电子仪器管理原理与经济决策方法，并能在多学科环境中应用。

(12) 终身学习。毕业生具有自主学习和终身学习的意识，有不断学习和适应发展的能力；能及时了解医疗器械领域的方针、政策和制度，工程的理论前沿、最新技术和产业发展动态。

(二) 生物医学工程专业课程体系设置

生物医学工程专业的教育使命是使学生在生物工程和生物医学专业及行业的整个职业生涯中做好领导、创新和自我教育的准备。它的关键组成部分是提供永久性的基础知识与能力，使学生能够在生物医学工程领域获得成功。对于一套完整的核心生物医学工程课程来说，应该为学生提供了解生物体如何发育和对环境做出反应所需的基本数学和工程原理，同时还应该使学生在对细胞、组织和器官生理学的理解上达到可靠的成熟水平。此外，学生还能够通过生物医学工程专业针对性选修课程来补充相关背景知识。

基于此，生物医学工程专业应紧紧围绕应用型人才的知识、能力、价值涵养全面发展的目标要求，着重强化实践能力和创新能力的培养，重新规划大学四个年级的课程体系[①]。大一阶段注重人文精神和科学素养教育；大二阶段注重专业基础学习；大三阶段注重专业技能训练；大四是提高与社会实践阶段。不同的阶段实施不同的课程(见表 3-4)，理论教学内容突出应用性和新颖性，实践教学内容强化综合性和设计性，价值塑造方面突出职业道德教育，以此来培养基础知识扎实、实践与创新能力强、综合素质高的"零适应期"优秀本科生，实现高校培养人才与企业需求的"无缝连接"。

表 3-4 生物医学工程专业课程体系

课程类别	核心课程	课程名称
通识必修课		思想道德修养与法律基础
		马克思主义基本原理概论
		毛泽东思想和中国特色社会主义理论体系概论
		中国近现代史纲要
		形势与政策 1~8
	★	大学英语 1~4
		体育 1~4
		军事理论
		职业生涯规划与就业创业指导 1~2
		写作与沟通 1~2

---

① 方成, 颜海玲, 周芳, 等. 生物医学工程专业 "3+1" 应用型人才培养模式研究: 以桂林电子科技大学为例[J]. 广西教育, 2019, 1127(47): 101-103.

课程类别	核心课程	课程名称
学科基础课		工程制图 C
	★	高等数学 B1～B2
	★	C 语言程序设计 A
	★	大学物理 A1～A2
		线性代数 B
		概率论
专业基础必修课	★	电路分析基础 A
		生物医学工程导论
	★	生物化学
	★	人体解剖生理学
	★	信号与系统分析 B
	★	模拟电子技术 A
	★	数字逻辑 A
	★	传感器原理与应用
	★	数字信号处理
	★	算法与数据结构
	★	医学图像处理
	★	专业英语
专业限选课	★	面向对象程序设计 B
	★	医学成像原理
	★	医学仪器原理
	★	单片机原理及智能仪器设计
专业任选课		计算机网络
		数据库原理 C
		生物力学

续表

课程类别	核心课程	课程名称
专业任选课		EDA 技术
		自动控制原理
		微弱信号检测
		虚拟仪器
		医学检验原理
		医疗设备管理与维修
		医药市场营销学
		生物医学伦理学
		医学信息系统
		生物医学信号处理
		生理系统仿真与建模
		生物医学超声
		计算机在医学中应用
		现代生物医学工程进展
		认知科学概论
		生物材料
		微生物及免疫学
		生物芯片
		生物信息学(英文教材)
		生物医学传感器
		普通化学
通识选修课	通识教育选修课程分为自然科学与技术工程类、人文与社会科学类、经济与管理类、美育与艺术类、心理健康教育类、创新与创业类等六大类课程。 全校所有学生均需修读通识教育选修课程 8 学分,其中,创新与创业≥2 门,心理健康教育类≥1 门,美育与艺术类≥2 门;理工类专业另外必修经济与管理类≥1 门;经管文法艺术类专业另外必修自然科学与技术工程类≥1 门。(若选修与本专业重复或相近的课程不计入学分)	

续表

课程类别	核心课程	课程名称
实践环节		新生入学教育(大学生安全教育，新生心理行为训练等)
		军事技能
		计算机工程训练与创新实践
	★	C 语言程序设计 A 实验
		机械工程训练 1
	★	物理实验 A1～A2
	★	人体解剖生理学实验
		电子认知实习
	★	电路分析基础 A 实验
	★	模拟电子技术 A 实验
	★	数字逻辑 A 实验
		专业认知实习
	★	程序设计课程设计
	★	电子工程实习 2
	★	电子技术课程设计
		生产实习
	★	生物医学传感综合实践
	★	专业综合课程设计
	★	单片机原理及智能仪器设计实验
	★	毕业设计

结合工程教育专业认证要求、跨学科复合应用型人才培养以及学校电子信息学科背景，课程体系中设置了相应的课程来支撑学生毕业要求及相应指标。

(1) 使学生掌握解决复杂医学电子仪器工程问题所需的工程基础和专业知识，能够将工程基础和专业知识用于解决复杂医学电子仪器工程问题，通过"工程制图 C""C 语言程序设计 A""电路分析基础 A""模拟电子技术 A""数字逻辑 A""C 语言程序设计 A 实验""电路分析基础 A 实验""模拟电子技术 A 实验"等课程进行支撑。

(2) 使学生能够识别和判断复杂医学电子仪器问题的基本原理、关键过程和制约因素，通过"生物化学""人体解剖生理学""信号与系统分析 B""传感器原理与应用""单片机原理及智能仪器设计实验"等课程进行支撑。

(3) 使学生能够针对一个系统或过程使用合适的数学模型，解决复杂医学电子仪器工程问题，通过"信号与系统分析 B""数字信号处理""算法与数据结构""医学图像处理"等课程进行支撑。

(4) 使学生能够根据人体生理参数检测要求，选择工艺流程和解决方案，进行仪器框架、软件和硬件设计，研制医学电子仪器产品，通过"电路分析基础 A""生物化学""人体解剖生理学""模拟电子技术 A""数字逻辑 A"等课程进行支撑。

四、工程实践在跨学科复合应用型人才培养工作中的实例

跨学科复合应用型人才应具有科技创新性、学习自主性和独立分析问题和解决问题的能力。传统的理论教学中可以实现对学科知识的储备，但单纯靠理论教学很难培养出学生的创新能力和独立应用能力，近几年来，电子工程与自动化学院按照复合型人才培养理念针对工程实践教育进行了大量的实践。

(一) 工程实践在课程体系中的地位

1. 课程体系设置的指导思想

课程体系设置指导思想：根据社会需求，结合学校定位，依据专业的培养目标、毕业要求，体现专业特色。桂林电子科技大学制定了《桂林电子科技大学人才培养方案管理办法》，该办法规定了培养方案包括培养目标，毕业要求，课程体系的修订原则、方法、流程，第三方参与的方式，责任主体和评价方式。每年学校下发培养方案修订的指导原则，培养方案一般每 4 年进行一次大的修订，每年进行一次小调整。在保证培养方案相对稳定的前提下，各学院、专业根据教学实施情况和技术发展，结合企业、行业调研和毕业生跟踪反馈信息，每年对课程进行微调，以跟踪最新技术，适应社会需求。

2. 测控技术与仪器专业课程体系设置

测控技术与仪器专业课程体系由"课内教育"和"素质拓展教育"两部分组成，课程结构如图 3-3 所示。

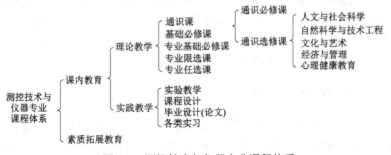

图 3-3 测控技术与仪器专业课程体系

　　课内教育由"理论教学"和"实践教学"两部分组成。理论教学包括通识教育课程、基础必修课、专业基础必修课以及专业课。实践教学包括形势与政策实践、独立设置的实验课程、课程设计、毕业设计(论文)、各类实习。素质拓展教育包括入学教育、职业生涯与发展规划、就业指导、大学生安全教育、军事教育课，以及学科竞赛、科研活动、技能训练、文体实践活动等的第二课堂积分。

　　测控技术与仪器专业课程体系的设计以信息的获取、传输、处理、控制为主线，逐次递进地开设了相关课程，体现专业特色，按照类别划分为电路类、信号处理类、控制类、计算机类和仪器类等课程。

3. 工程实践在测控技术与仪器专业课程设置中的地位

　　测控技术与仪器专业是面向电子测量与仪器领域的一个集仪器、电子信息、计算机、控制等于一体的综合性专业。培养从事电子测量仪器与测控系统的科学研究、技术开发、工程设计、产品制造、维护与管理等方面工作的工程技术人才。专业的毕业要求和课程体系设置以电子信息技术和计算机技术等为技术基础，仪器科学为理论，培养软、硬件相结合的工程实践能力强的技术人才。在电路基础方面开设了电路分析基础、模拟电子技术、数字逻辑、EDA技术、高频电子线路等课程。软件方面开设了C语言程序设计、数据结构、程序设计训练等课程和实训。软硬件协同设计的课程和实训包括微机原理及接口技术、单片机原理及应用、智能仪器、微机控制技术、自动测试系统、虚拟仪器设计、可测性设计等，突出了智能仪器、测试系统的专业特质培养。实训类课程包括程序设计训练、基础工程设计、专业工程设计、虚拟仪器设计、毕业设计等，除程序设计训练外，其他实训大都采用软、硬件协同的设计方式完成。教学中充分融入了科研成果及最新的前沿知识和技术，例如自动测试系统、数据域测试与仪器、智能仪器等。

　　实践教学学时占课内教育总学时的30%左右。系统训练方面的课程和实训有电子测量与仪器、智能仪器、自动测试系统、测控软件技术、虚拟仪器设计、专业工程设计和毕业设计等。为了更好地培养学生实践能力，除校内实践基地、漓江学堂、专业实验室外，学院还与多家本领域高新技术企业和国有大中型企业建立校企联合实验室、实践基地、创客实验室、大学生创新俱乐部等。在第二课堂积极开展"芯梦启航"科技活动，引导学生加入教师的科研团队，承担一定的科研工作；指导学生积极参加大学生创新创业项目和各种电子设计竞赛，培养学生的工程实践能力和创新能力。

(二) 工程实践与跨学科复合应用型人才培养

　　电子工程与自动化学院依托学科优势，注重学科交叉，关注学生个体发展，实施共性教育与个性培养相融合的模式。在开设的电子认知实习、程序设计训练、基础工程设计、机械工程训练、电子工程训练、专业认识实习、专业工程设计、专业实践、生产实习、毕业设计等实践类课程中进行了大范围的改革实践。总体而言,工程实践在跨学科复合应用型人才培养中有以下几点作用:

1. 加强专业基础和专业技能培养

工程实践是理论知识的具体应用。学生在四年的理论学习中,积累了大量的专业知识理论,但并不能领会这些理论的作用以及各门课程之间的关系,这就需要在实践中帮助学生理顺所学知识的体系结构,并将这些知识应用到实践中去,理论联系实际,加强专业技能的培养。

电子工程与自动化学院的实践教学主要包括通识教育基础课程课外实践、专业课程课内实验、专业课程独立实验、实习环节、课程设计、毕业设计和创新创业课程等环节。通过工程基础训练、专业基础训练、专业技能训练和综合系统设计训练,培养学生综合运用所学知识解决复杂工程技术问题的能力,开展科学研究、技术开发以及协同创新的能力,通过第二课堂创新创业活动进一步提升学生的创新能力。测控技术与仪器专业已经与 17 家企业合作建立实习基地,主要开展生产实习、专业实践和毕业设计等教学活动。建立了完善的毕业设计(论文)管理制度,重视过程指导与质量监控,严格毕业设计的选题,使学生在掌握基本理论、基本知识和基本技能的基础上,完成工程设计和科学研究的综合训练,培养学生独立分析问题、解决问题的能力和进行科学研究的能力以及认真、求实、刻苦、创新的工作作风。

学院围绕"测控技术与仪器"的专业方向,与工程技术人才培养模式相适应,以信息的获取、测试、处理和控制为主线,建立了以工程实践能力培养为核心的实践课程,与理论教学有机结合,体现多学科技术交叉;通过通识教育课程实践,培养社会责任感、职业规范和职业素养,了解健康、法律、安全、文化及环境因素在社会实践中的影响;通过工程基础训练、专业基础训练、专业技能训练和综合系统设计训练,培养学生综合运用所学知识解决复杂工程技术问题的能力,开展科学研究、技术开发以及协同创新的能力;通过第二课堂创新创业活动,进一步提升学生的创新能力。

(1) 通识教育课程实践训练,主要通过思想道德修养与法律基础、中国近代史纲要、毛泽东思想和中国特色社会主义理论体系概论等通识课程的实践教学,增强学生认识、了解和适应社会,投身和服务社会的能力,增强社会责任感和使命感。

(2) 工程基础训练,主要通过大学物理Ⅰ、Ⅱ实验,C 语言程序设计,数据结构,数据库原理,面向对象程序设计,EDA 技术,微机原理及接口技术,单片机原理与接口技术,嵌入式系统技术,DSP 技术,电子电路 CAD 技术,机械 CAD 及应用等课程实验,开设设计性、综合性等基础型实验项目训练,巩固相应课程的理论知识,掌握实验的基本操作方法及技能以及基本的设计开发能力,掌握正确的数据分析和处理方法,培养学生严肃认真的实验态度与作风。

(3) 专业基础训练，主要通过自动控制原理基础、非电量检测技术、测控电路、电路分析基础、模拟电子技术、数字逻辑、高频电子线路、电磁场、信号与系统、信号处理、计算机网络、工业通信与控制网络和数字通信技术电路等课程实验，培养学生检测与控制原理、电路、信号处理、机械设计、网络与通信等领域的专业理论知识和实验技能以及思维能力和动手能力。

(4) 专业技能训练：主要通过专业认识实习、电子认知实习、电子工程训练Ⅱ、机械工程训练和生产实习，让学生全面了解测控技术与仪器专业；培养学生电子元器件识别、测量、焊接、装配与调试能力；培养学生车、铣、刨、磨、冲压、钳工、焊接、数控车、数控铣、加工中心和特种加工等机械加工工艺及操作能力；培养学生企业组织机构、质量管理、生产管理能力，在生产实际中培养经济和管理意识、劳动和服务意识以及社会责任感和工程职业道德。

(5) 综合系统设计训练，主要通过智能仪器、单片机原理与接口技术、电子测量与仪器、自动测试系统、微机控制技术、测控软件技术和光电检测技术等课程实验，培养学生专业理论知识和实验技能；经过实验培养学生的思维能力和动手能力，提升学生在实验过程中发现问题、分析问题及解决问题的能力。

(6) 复杂工程技术训练，主要通过程序设计训练、基础工程设计、专业工程设计、虚拟仪器设计和毕业设计等课程设计，培养学生资料查阅能力、软件工程问题需求分析能力以及算法设计、软件设计和软件测试能力；培养学生电路原理分析、电路仿真、电路设计、电路制作、软件编程和电路调试与测试能力；培养学生复杂工程需求分析、方案设计、工程设计、系统实现和测试分析能力。

(7) 创新创业训练，主要通过创新创业基本素质课程、学科竞赛、科学素养训练、技能训练、文体实践、创新创业项目和科教协同项目等，培养学生创新和创业意识、创新创业素养及技能。

通过实践教学环节，一是培养了学生利用专业课程中学习的技术、方法进行实验设计、分析，以及软件编程、软件设计能力，电路分析、模拟电路及数字电路分析和设计能力，单片机编程与应用能力。二是培养学生资料查阅、原理分析、电路仿真、电路设计、电路制作、软件编程和电路调试与测试能力，常用仪器操作与测试结果分析能力，沟通与交流能力，总结问题和自主学习能力。三是培养学生利用专业课程中的基础理论、专业知识和实验技能，实现测控系统与电子仪器的设计开发及综合测试，完成工程设计和科学研究的综合训练。

2. 培养学生的实践能力和创新精神

学院结合具体情况，加强和规范校外实习基地的建设和管理，制订了《桂林电子科技大学电子工程与自动化学院校外教学实习基地建设及管理办法》。办法确定了校外实习基地设立的指导思想：以学校与社会结合为前提，充分利用社会资源为基础，以提高教学质量为首要目的，以有效措施为保障，既遵循高等教育规律，又适应社会主义市场经济体制的要求，努力做到有利于加强实践教学，培养学生的实践能力和创新精神，有利于教师的科研活动和学校科技创新体系的建设和完善，提高专业整体水平。明确建立校外实习基地的基本标准和途径、学院与校外实习基地共建单位应承担的义务、协议书的签订和校外实习基地的管理办法。

实习基地建设，既要考虑基地能容纳实习生的数量，又要考虑实习质量；既要考虑现状，又要着眼未来。通过联系与学院密切开展科研合作的单位，建立校企合作关系，建设实习基地。实习基地的建立需要经过论证，由主管教学的副院长、实验中心主任、生产实习指导教师和专业教师一起经过调研、谈判并最终签订合作协议。学院制订实习基地建设年度计划和实习工作年度计划以及一整套切实可行的措施，确保每届毕业生实习质量和实习工作任务的完成。实习基地每年配备工作能力较强、工作态度认真的指导教师指导学生实习，确保实习工作按质按量完成。目前，测控技术与仪器专业已经与17家企业合作建立实践基地，2013年5月，桂林电子科技大学—柳州长虹机器制造公司实践教育中心建设成为国家级校外实践教育基地。学生在实践基地主要开展生产实习、专业实践和毕业设计等教学活动。

通过校外实习基地的实习指导，学生全面认识测控技术与仪器专业，了解相关行业的发展概况、应用前景以及人才需求情况，了解和适应社会、投身和服务社会，了解健康、法律、安全、文化及环境因素在社会实践中的影响；了解产品制造的生产过程，培养学生的生产安全意识、质量观念、经济观念，增强学生的工程实践能力、创新精神，以及分析问题、解决问题的能力；了解企业组织机构、质量管理、产品种类、生产规模、设备类型、生产任务及生产的组织与管理等。

3. 培养工程技术型人才

科技创新和实践活动可以培养学生的综合设计能力、实验及工程实践能力和创新能力。课程设计、毕业设计和电子设计大赛等活动，可以评估学生对课程内容的掌握程度和应用所学知识的能力。学生的实践活动表明，学生参与科技创新和实践活动可以评估学生对课程学习的掌握程度，也对提高实践能力和创新能力有着积极的作用。

电子工程与自动化学院尤其重视学生的创新实践能力的培养，为更好地锻炼学生的动手实践能力和专业实践能力，学院在学生科技创新实践指导中采取了以下措施：第一，每年面向全院学生自主开展"芯梦启航"科技实践品牌活动，测控专业一年级学生100%参与；第二，每年暑假组织电子设计大赛培训，对参赛团队开展为期一个月的集中训练，同时积极指导和组织学生参与"互联网+""挑战杯""创青春""蓝桥杯"等各类科技赛事；第三，成立校企联合实验室，以学生自主学习技术为主，企业工程师和专业教师指导为辅，通过工程师设计专业题目，不断提高学生的专业知识和技术实践水平；第四，组织优秀学生申报大学生创新创业训练项目、科教协同项目、学院"芯梦基金"项目等。

学院贯彻培养专业理论知识扎实、创新能力和动手实践能力强的工程技术型人才的目标，落实学生科技创新指导措施，理论学习与实践相结合，学生在专业技术等科技比赛中取得累累硕果，为工程技术型人才奠定了基础。近两年本专业学生科技活动指导措施与受益情况如表 3-5 所示。

表 3-5 测控技术与仪器专业学生科技活动指导措施与受益情况

渠道名称	指导执行者	指导方式	指导频度	受益人数(近两年)	
				2019 学年	2020 学年
芯梦启航	指导老师、科技社团	集中宣讲、授课，学生咨询	每年一次	1118 人	1221 人
电子设计大赛暑期集训	指导教师	集中宣讲、授课，学生咨询	每年一次	356 人	441 人
各类科技竞赛	指导老师、辅导员	集中宣讲、学生咨询	每年至少 2 次，并随时跟踪指导	328 人	356 人
大学生创新创业训练项目	指导教师	集中宣讲、学生咨询	随时跟踪指导	154 人	168 人
科教协同项目	指导教师	集中宣讲、学生咨询	随时跟踪指导	68 人	65 人

五、测控技术与仪器专业综合性设计实验的几点思考

(一) 工程教育认证与我国高等工程教育

1. 工程教育认证与专业建设

自我国开始构建工程教育专业认证体系以来，专业认证的先进理念有力地推动了我国工程教育专业教学改革。测控技术与仪器专业于 2014 年顺利通过了第一轮工程教育认证，成为广西区第一个通过工程教育认证的专业。同时，本专业于 2018 年又顺利通过了第二轮工程教育认证。工程教育认证标准中包含学生、培养目标、毕业要求、持续改进、课程体系、师资队伍和支撑条件等 7 项内容，充分体现了工程教育专业认证的核心理念，做到以学生为中心，以学习成果为导向，重视形成性评价和持续改进。这些理念不但应当体现在人才培养体系设计的宏观层面，更应当贯穿于教学活动实施的微观过程。课程是落实教育理念的

载体，专业教育目标的达成，主要是靠课程教学目标的达成而实现的，因此需要把"以学生为中心"理念落实到每一门课程中，按照新的人才培养理念重新思考和设计每一门课程。

2. 工程教育认证对实践类课程提出的挑战

工程教育专业认证对学生的毕业要求有 12 条，包括工程知识、问题分析、设计/开发解决方案、研究、使用现代工具、工程与社会、环境和可持续发展、职业规范、个人和团队、沟通、项目管理、终身学习。在这 12 条中有多条都提到了"复杂工程问题"和社会、健康、安全、法律、文化、环境、人文社会科学素养、社会责任感等"非技术能力"的培养。技术能力的培养和达成评价相对来说比较容易实现，而非技术能力的培养相对来说需要长期的积累，其能力的达成相对来说也较难评价，这就对人才培养提出了较大的挑战。在这 12 条中，环境和可持续发展、职业规范、个人和团队、沟通、项目管理等在理论教学过程中较难完成对其的评价，因此应该在实践类课程中下功夫，针对"复杂工程问题"和"非技术能力"进行教学设计、达成评价，以支撑专业培养目标的达成。

(二) 工程教育认证理念下的综合设计性实验的实践与思考

根据对这 12 条通用标准毕业要求的解读，测控技术与仪器专业设置了明确、公开、可衡量的毕业要求，以支撑人才培养目标的达成。测控技术与仪器专业制定的 12 条毕业要求，完全覆盖通用标准的 12 条毕业要求，能够从知识、能力、素质等方面支撑培养目标的达成。为了更好地支撑毕业要求的达成，将毕业要求进行了分解，通过设计课程体系形成对毕业要求的支撑，分析了专业"复杂工程问题"和"非技术能力"的教学设计和实施，设计课程达成度评价方法并开展毕业要求达成度直接评价，辅以间接评价的方式完成毕业要求达成评价，以证明毕业要求的达成，并最终实现培养目标。

1. 测控技术与仪器专业毕业要求对人才培养目标的支撑

测控技术与仪器专业是以仪器科学与技术为主干学科，以电子信息技术和计算机技术为技术基础的专业。该专业的培养目标：培养面向电子测量与仪器行业，具有人文社会科学素养、社会责任感和职业道德，扎实的数学和自然科学基础知识、测控技术与电子仪器的专业知识和工程知识，具备自主学习意识、良好的创新精神、跨文化的沟通和交流能力以及较强的工程实践能力，能够从事测控系统和电子仪器的科学研究、技术开发、工程设计、产品制造、维护与管理等方面工作的工程技术人才。

将培养目标按照职业预期、能力水平、知识特点、职业素养等进行分解，从培养目标所涵盖的知识、能力和素质三个方面进行分析，毕业要求对培养目标三个方面之间的支撑关系如图 3-4 所示。

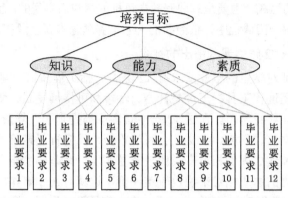

图 3-4　毕业要求对培养目标三个方面之间的支撑关系

知识方面的目标"具有扎实的数学和自然科学基础知识、测控技术与电子仪器专业知识和工程知识"主要由毕业要求的"工程知识"等支撑，通过掌握扎实的测控电子技术和电子仪器等工程基础知识和本专业的基本理论知识，掌握测量理论与数据处理、各种电量、非电量的检测原理与方法、电子测量与控制理论，具备测控系统与电子仪器设计和工程实验的能力，以达到培养目标要求的"能够基于电子与计算机技术的信息获取、处理与应用的相关知识，分析、解决电子测量与仪器的复杂工程问题，设计或应用电子测量仪器与系统"的工程实践能力。

基本素养、职业素养"具有人文社会科学素养、社会责任感和工程职业道德"由毕业要求的"工程知识、工程与社会、环境和可持续发展、职业规范、项目管理"等支撑；"具有国际化视野，跨文化交流能力，能够在团队中发挥作用并具备承担领导角色的能力"等由毕业要求的"个人和团队、沟通、项目管理"支撑；"具备自主学习意识和创新精神，能够跟踪电子测量与仪器领域前沿技术"主要由毕业要求的"终身学习能力"支撑。

职业预期目标则需要全部毕业要求的支撑，经过学科基础理论与工程技能的严格训练后，满足上述毕业要求的合格毕业生具有职业素质、创新意识、学习能力等素养，具备测控信息理论、测控电子技术、电子仪器设计及实现等方面的基础理论知识与应用实践能力，能够从事电子测量与控制相关技术、仪器与系统的科学研究、技术开发、工程设计、产品制造、维护与管理等方面工作的工程技术人才。

2. 培养"解决复杂工程问题能力"和"考虑非技术能力"的实践教学设计

根据专业培养目标、毕业要求、体现专业特色制定的课程体系涉及数学、物理、电子、计算机、控制、机械等多方面的知识，针对电子仪器与测控系统的学习、研究、设计和开发，除需要掌握数学和自然科学基础知识、电子测量与仪器领域专业知识和工程知识，还需要运用电子与计算机等相关的技术和开发工具实施，并在设计和开发中综合考虑经济、环境、安全等因素，因此"复杂工程问题""非技术要素"的知识储备、素质培养贯穿整个教学体系。"解决复杂工程问题能力"的培养实践主要通过工程基础课、专业课及相应课程的设计性、综合性实验、课程设计以及毕业设计进行。

在课程学习、实验、实训中学会团队协作，开展沟通和交流，培养良好的工程职业道德，并考虑所开展的工作对社会、健康、法律、安全以及文化的影响，实施"非技术能力"培养，典型的"考虑非技术因素能力"训练体现在课程实验、工程设计、生产实习以及毕业设计等课程中。

复杂工程问题例子1：

"智能仪器"专业课的实验之一"智能电压表设计"满足的复杂问题特征主要有以下几点：

(1) 必须运用检测、误差理论、电子测量、信号处理等技术深入剖析工程原理，经过分析才可能得到解决。

(2) 涉及电子信息、计算机、仪器等多方面的技术，需要协同考虑解决。

(3) 该智能仪器以单片机为核心，需要专门的开发工具。

(4) 具有较高的综合性，包含数据采集、模数变换、数据处理、显示等多个相互关联的子问题，通过划分模块、设计接口等方式解决。

复杂工程问题例子2：

本专业毕业设计(论文)包括三种类型：工程设计类、实验研究类和软件开发类。

毕业设计的课程目标：能够运用本专业的基本理论、基本知识和基本技能，基于测控系统与仪器原理，开展设计/开发工作，完成一次工程设计和科学研究的综合训练；能够利用开发工具和仪器，进行设计的模拟、仿真和分析。

在毕业设计的审题阶段就确保每一个毕业设计课题，必须针对专业特定的复杂工程问题完成设计、开发和验证，因此必定满足至少以下复杂问题特征：

(1) 必须运用仪器、测量或控制等深入工程原理，经过分析才可能得到解决。

(2) 不是仅靠常用方法就可以完全解决，需要单片机或电路或高级语言等设计开发工具。

选择"无人机三轴姿态模拟器设计"课题，要求采用单片机、电机、驱动器等设计、制作硬件电路，完成一个无人机姿态模拟器设计；通过上位机设置并显示无人机的飞行姿态：俯仰角、横滚角和偏航角，将数据下载至模拟器，模拟器根据数据调整无人机模型姿态，以实物方式展示目标飞行状态。

该课题满足的复杂问题特征如下：

(1) 必须运用传感与检测、自动控制、信号处理等深入工程原理，经过分析才可能得到解决。

(2) 涉及电子与计算机、自动控制等多方面的技术以及 PCB 制版和其他因素，需要协同考虑解决。

(3) 需要通过建立合适的姿态模拟抽象模型才能解决，在建模过程中需要体现出创造性。

(4) 不是仅靠常用方法就可以完全解决，而是需要单片机和高级语言软件开发工具。

(5) 问题中涉及的姿态模拟等没有完全包含在专业工程实践的标准和规范中。

(6) 问题相关各方利益不完全一致：用户希望得到高精度的模拟器，这就导致了成本的上升。

(7) 具有较高的综合性，包含姿态检测、动作控制、通信、上位机软件等多个相互关联的子问题，通过划分模块、设计接口等方式解决。

该题目涉及的非技术要素包括：设计需要自行学习飞行姿态的概念、原理，设计必须要在经费允许的范围内开展，考虑该设计对社会的影响，完成设计需要一定的创新意识、工程素养。

专业工程设计以小组形式开展，训练和考查学生的以下设计环节：

(1) 文献综述。进行文献检索并撰写文献综述，文献不少于 6 篇，其中英文文献不少 1 篇。

(2) 方案论证。对系统整体方案和单元电路、主要器件等进行比较、论证和选择。

(3) 仿真验证。绘制原理图，进行原理可行性仿真和验证，确定器件类型和参数。

(4) PCB 制作。系统电路板腐蚀、打孔，元件装配和焊接。

(5) 调试测试。系统静态测试、动态测试、分模块测试、数据测试、软硬件调试等。

(6) 功能指标。功能和指标符合设计要求。

(7) 小组互评。同小组学生根据各自所做课题的综合情况，互相评分。

(8) 设计报告。撰写规范、内容完整、结构合理的设计报告。

3. 工程教育认证理念下的综合设计性实验的思考

学院注重学生动手实践能力的培养，历年通过"芯梦启航"活动、暑期电子设计大赛指导培训、科技赛事等对学生的技术水平进行指导，取得了优异的成绩。在传统的实践教学中，实验教学的基本任务是加强学生实验操作技能的基本训练，加深学生对基本理论的认识和理解。随着时代的进步，培养学生的任务正逐步转变，向着以培养学生理论联系实际的工作作风和严谨求实的科学态度，提高分析问题、解决问题的能力、培养工程素养、团队协作和创新精神方向转变。随着我国工程教育认证工作的开始，教师们逐步意识到社会、健康、安全、法律、文化、环境、人文社会科学素养、社会责任感等"非技术能力"的重要性，开始寻求培养非技术能力的方法。

(1) 学生的非技术能力培养，不能只靠实践课程来培养，还需要在科技创新和实践活动中培养。通过学生的课程设计、毕业设计等实践课程，可以检验学生对课程内容的掌握程度和应用所学知识的能力。而学生综合设计能力、实验及工程实践能力和创新能力单靠这些实践课程无法完成。近年来，各大高校纷纷开始创新创业活动学分的设置，学生参与科技创新和实践活动对提高实践能力和创新能力有着积极的作用，同时也可检验学生对课程学习的掌握程度。

(2) 培养学生工程意识，更需要培养学生的工程素养。工程教育认证除了重视学生的动手实践能力外，更加重视可持续发展和工程素养的提高。工程素养的提高不是一朝一夕的事情，需要全体教师，甚至是学校整体重视起来，必须从学校的文化底蕴开始积淀，通过各种工程实践活动和科研创新活动，逐步在工科学校的工程文化底蕴中培养和熏陶出具有工程实践能力和工程素养的人才。

(3) 培养学生先从培养教师队伍出发。学生工程素养的培养对教师提出了更高的要求，很多高校的教师从学校到学校，没有工程实践经验，无法实现对学生的工程素养的培养，这就需要学校对教师队伍的培养提起重视。应采取多种方式先进行教师的培养，可以尝试在与企业合作，学生实习的同时，外派教师参与学习，也可以采取帮助没有科研团队的教师加入科研团队，参与科研项目，逐步培养出有工程意识的教师队伍。另外，目前很多高校的考核方式都是以科研为主，学校应从政策上向一线教师倾斜，推动科研能力强的老师多参与教学活动。

第四节 工程教育专业认证与跨学科复合应用型人才的培养

人才培养模式改革对教育教学工作发展具有推动作用，同时它自身也需要有强大的动力作为支撑。来自高校内部改革的愿望、需求等属于"内生动力"，来自第三方的评价则属于"外部驱力"。当改革遇到瓶颈或是"硬骨头"时，外部驱力通常能更有效地推进改革进行，即人们通常所说的"以评促改""以评促建"。工程教育专业认证工作的推进，不仅加大、加快了我国工科专业人才培养工作的改革，同时它所提出的通用标准也对跨学科复合应用型人才培养改革工作起到了指导作用。

一、工程教育专业认证的内涵

(一) 工程教育专业认证的基本概念

工程教育专业认证是指专业认证机构针对高等教育机构开设的工程类专业教育实施的

专门性认证,由专门职业或行业协会(联合会)、专业学会会同该领域的教育专家和相关行业企业专家一起进行,旨在为相关工程技术人才进入工业界从业提供预备教育质量保证。工程教育专业认证是国际通行的工程教育质量保障制度,也是实现工程教育国际互认和工程师资格国际互认的重要基础。工程教育专业认证的核心是要确认工科类专业毕业生达到行业认可的既定质量标准要求,是一种以培养目标、毕业要求为导向的合格性评价。工程教育专业认证要求专业课程体系设置、师资队伍配备、办学条件配置等都围绕学生毕业能力达成这一核心任务展开,并强调建立专业持续改进机制和文化来保证专业教育质量和专业教育活力[①]。

目前,世界上主要的工业发达国家都建立了工程教育认证制度,其中关于高等工程教育学位(学历)互认的协议共有3个,即《华盛顿协议》《悉尼协议》和《都柏林协议》。其中《华盛顿协议》是签署时间最早、缔约方最多,也是世界范围知名度最高的工程教育国际认证协议[②]。该协议在1989年由来自美国、英国等6个国家的民间工程专业团体发起并签署,承认签约国所认证的工程专业 (主要针对四年制本科高等工程教育)培养方案具有实质等效性,认为经任何缔约方认证的工程专业的毕业生均达到了从事工程师职业的学术要求和基本质量标准。此举促进通过多边认可工程教育认证结果,实现工程学位互认,推动了工程技术人员国际流动。截至2016年,《华盛顿协议》协议成员国共有18个。

(二) 工程教育专业认证在我国的发展

通过挖掘我国高等工程教育专业认证的发展历史,可以将我国高等工程教育专业认证大致划分为以下四个阶段:

1. 筹备阶段(1985—1991)

1985年6月,国家教委高教二司在镜泊湖召开了高等工程教育评估专题讨论会,会议就高等工程教育评估的目的、理论及方案进行了探讨,为我国高等工程教育专业认证指明了发展方向。以此会议为基础,国家教委以工科为前哨开展了评估试点计划[③]。1986年,国家教委高教二司编写并出版了《美国、加拿大高等教育评估第三分册:高等学校工科类

---

① 中华人民共和国教育部. 多视角多层次多维度呈现中国工程教育质量: 第一份《中国工程教育质量报告》"问世" (EB/OL). [2014-11-13]. http://www.moe.gov.cn/jyb_xwfb/gzdt_gzdt/s5987/201411/t20141113_178168.html

② 王孙禺, 孔钢城, 雷环.《华盛顿协议》及其对我国工程教育的借鉴意义[J]. 高等工程教育研究, 2007(01): 10-15.

③ 罗福午, 王心丰. 当前高等工程教育评估工作的几个问题[J]. 清华大学教育研究, 1986(02): 19-24.

专业的评估》，对美国和加拿大的工程教育专业认证情况进行了较详细的介绍分析。与此同时，1985年11月至1986年11月，原国家教委选择了3个工科专业进行评估试点准备，高等工程教育专业认证实践领域开始初探[①②]。这一阶段的专业评估虽然与现代意义的专业认证不相符，但此试点中对我国专业评估工作的探索，为我国后期高等工程教育专业认证的开展具有重大借鉴意义。

2. 开局阶段(1992—1997)

土木工程专业评估，是我国工程学士学位专业中按照国际通行的专门职业性专业鉴定制度进行评估的首例[③]。1992年起，教育部委托建设部主持开展建筑学等6个土建类专业的认证试点工作，1995年正式开展专业评估。经过1995年、1997年的两届评估，全国18所高校的土木工程专业点通过了评估。与此同时，受建设部业务领导的6个专业中有4个都建立了专业评估制度。更值得一提的是，土木工程专业评估从一开始就具有国际化视野，英国土木工程师学会、结构工程师学会及它们的联合评估委员会全程参与了土木工程专业评估。1998年5月，建设部人事教育劳动司同英国土木工程师学会共同签订了土木工程学士学位专业评估互认协议书[④]。

3. 探索阶段(1998—2004)

在土木工程学士学位专业评估成功经验基础之上，我国工程教育专业认证本可顺势而为，然而，工程教育专业认证在1997年以后仅有建设部工作有所进展。截至2003年，仅有建设部业务领导的建筑学、土木工程、城市规划、工程管理、建筑环境与设备工程、给水排水工程6个专业的专业认证全部启动完毕[③]。

4. 实施阶段(2005—至今)

2005年5月，原人事部等18个单位成立了全国工程师制度改革协调小组，探索建立工程教育专业认证体系等工作。2006年2月，协调小组成立了工程教育工作组，初步建立了工程教育专业认证组织体系和文件体系，实施工程师制度改革和工程教育认证工作。十几年来，在全国工程师制度改革协调小组的领导下，我国的工程教育专业认证经过不断完善，逐步建立了相对完备、与国际上实质等效的中国工程教育专业认证体系[⑤]。

---

① 王娜. 中国大陆高等工程教育专业认证的发展历程与展望[J]. 高等理科教育 2011, 000(001): 64-67.
② 韩晓燕, 张彦通, 王伟. 高等工程教育专业认证研究综述[J]. 高等工程教育研究, 2006(06): 6-10.
③ 毕家驹. 中国工程专业认证进入稳步发展阶段[J]. 高教发展与评估, 2009(01): 1-5, 120.
④ 毕家驹. 中国工程专业评估的过去、现状和使命：以土木工程专业为例[J]. 高教发展与评估, 2005(01): 44-46.
⑤ 王孙禺, 孔钢城, 雷环. 中国工程教育认证制度的构建与完善—国际实质等效的认证制度建设十年回望[J]. 高等工程教育研究, 2014(05): 23-34.

2013 年 6 月，我国顺利加入《华盛顿协议》，并正式成为《华盛顿协议》预备会员，极大地提高了我国工程教育的国际影响力。2015 年 10 月，我国成立了由教育部主管的中国工程教育专业认证协会，主要负责我国工程教育专业认证工作的组织实施。2016 年 6 月，我国成为《华盛顿协议》第 18 个正式成员，这标志着我国工程教育专业认证体系得到了进一步健全和完善，正式实现了多边国际互认。

截至 2019 年底，我国共有 241 所高校 1353 个专业通过了工程教育专业认证。伴随着经济社会的巨大变革，我国工程教育专业认证取得了飞速的发展[1]。

(三) 工程教育专业认证的核心理念

工程教育专业认证倡导三大核心理念：以学生为中心的教学理念、成果导向的教学设计理念、持续改进的教学评价理念。

1. 以学生为中心的教学理念

以学生为中心，指在教学过程中教师要以学生的学习和发展为中心，即教学目标应围绕全体学生，教学内容应根据对学生的期望进行设计。以学生为中心的教学模式强调学生在教学中的主体地位；教授知识的创新性和实践性；教、学两者的互动与互进；课内同课外教学的密切结合。以学生为中心的教学评价属于发展性评价，需要采取多种形式、多种渠道、多样化地考查学生掌握知识的水平并坚持评价的反馈性[2]。

2. 成果导向的教学设计理念

成果导向理念(Outcome-Based Education)简称 OBE 教育理念，是 Spady 等人于 1981 年率先提出，是以学生通过教育过程最后所取得的学习成果为教学设计以及教学实施的目标，它强调学习结果的明确性、普遍性、个性化评定、绩效责任以及能力本位。成果导向理念的实施原则主要有清楚聚焦、扩大机会、提高期望、反向设计。美国工程教育专业认证协会全面接受 OBE 的理念，尤其强调顶峰成果与反向设计的理念，并将其贯穿在工程教育专业认证的始终[3][4]。

① 中国工程教育专业认证协会. 教育部高等教育司关于转发《教育部高等教育教学评估中心中国工程教育专业认证协会关于发布已通过工程教育认证专业名单的通告》的通知. [2020-07-21].

② 李志义. 解析工程教育专业认证的学生中心理念[J]. 中国高等教育，2014(21): 19-22.

③ 李志义. 对我国工程教育专业认证十年的回顾与反思之一：我们应该坚持和强化什么[J]. 中国大学教学，2016(11): 10-16.

④ 张男星，张炼，王新凤，等. 理解 OBE:起源、核心与实践边界: 兼议专业教育的范式转变[J]. 高等工程教育研究，2020(03): 109-115.

3. 持续改进的教学评价理念

持续改进是工程教育专业认证的基本理念,贯穿于认证工作的各个环节,它强调对人才培养体系中课程、专业、培养方案等各环节、各单元的质量提升,并要求精确地评价、反馈,以此提高质量,被认证的专业需要建立一种具有"评价—反馈—改进"反复循环特征的持续改进机制[①]。

《工程教育专业认证通用标准解读及使用指南(2018 版)》对持续改进提出 3 项要求:一是要建立教学过程质量监控机制,各主要教学环节有明确的质量要求,定期开展课程体系设置和课程质量评价,建立毕业要求达成情况评价机制,定期开展毕业要求达成情况评价;二是要建立毕业生跟踪反馈机制以及有高等教育系统以外有关各方参与的社会评价机制,对培养目标的达成情况进行定期分析;三是能证明评价结果被用于持续改进。

二、以工程教育认证为指导,促进跨学科复合应用型人才的培养

(一) 工程教育专业认证对跨学科复合型人才培养的重要意义

1. 通过工程教育专业认证是高水平人才培养质量的重要标志

工程教育专业认证是一种衡量所培养的毕业生是否达到该专业所制订的培养目标和毕业要求的一种合格性评价体系,是促进工科专业规范教学、提升人才培养质量的有效手段,是保障工科专业毕业生达到其专业基本培养要求的质量保障制度[②]。

2012 年 1 月,教育部发布的《教育部办公厅关于开展普通高等学校本科教学工作合格评估的通知》中特别强调,在工程领域推进与国际标准实质等效的专业认证。2018 年 1 月,教育部发布了《普通高等学校本科专业类教学质量国家标准》,该标准中关于工科专业的质量标准要求与《工程教育专业认证通用标准解读及使用指南(2018 版)》中的要求存在诸多重叠与交叉[③]。此外,教育部同年 10 月发布的《关于加快建设高水平本科教育全面提高人才培养能力的意见》中第 34 条专门提出,要推进高等学校本科专业认证工作。2019 年 4 月,教育部发布的《教育部办公厅关于实施一流本科专业建设"双万计划"的通知》中提出一流本科专业建设分"两步走",即在教育部组织开展专业认证通过后才能由国家级一流

---

① 李志义. 解析工程教育专业认证的持续改进理念[J]. 中国高等教育, 2015, 000(015): 33-35.

② 孙桓五, 张琤. 基于工程教育专业认证理念的地方高校工科专业建设实践[J]. 中国大学教学, 2017, 000(011): 39-42, 53.

③ 游峰, 曾小平, 姚楚, 等. 工程教育认证对我校高分子一流本科专业建设的促进[J]. 高分子同胞, 2020, 257(09): 88-91.

本科专业建设点确定为国家级一流本科专业。教育部发布的这 4 份重量级文件充分说明，工程教育专业认证引发了人才培养"质量革命"的深层次变革，国家教育主管部门对此高度重视，并成为衡量专业质量国家标准、建设一流专业、实施"双万计划"的重要抓手。

2. 跨学科复合应用型工科人才培养是工程教育专业认证的核心内容

工程教育专业认证通用标准解读及使用指南(2018 版)归纳起来，就是培养的毕业生能够使用恰当的技术、资源、现代工程工具和信息技术工具，运用数学、自然科学、工程基础和专业知识，分析、设计并解决复杂工程问题，并具备多学科理解能力、沟通能力、团队管理能力，以及评估工程问题在社会、经济、法律、健康、安全、法律、文化等方面影响的能力。其核心就是培养学生具备解决"复杂工程问题"的能力，这是"华盛顿协议"的实质核心，也是工程教育本科专业认证区别于其他类型工程教育的重要特征。

跨学科复合应用型人才培养的核心是培养学生解决复杂问题的综合能力。"复杂"说明了绝大多数的现实问题都是跨学科的，需要具有多学科性、多样性，能够考虑多种因素，具备多种能力。要求培养的毕业生具有应对复杂性、全局性问题的能力，能够在不具备成熟工具的条件下创新性地运用基础知识和基本理论，通过综合考虑多种因素，带领具有多学科背景的团队高效完成工程目标，能够在多样性尤其是多学科背景下作为负责人进行经济决策。多学科理解能力、沟通能力、团队管理能力、经济评估能力都是工程专业毕业生需要具备的，也就是说，横跨多个学科领域，并满足政治、经济、社会、环境、人文、艺术、交流等方面的需求，是新时代复合型工科人才培养的内在选择，工程教育专业认证是学生解决这些复杂工程问题能力达成的有力证明①。

(二) 工程教育专业认证的要求"倒逼"学校开展跨学科复合应用型人才培养

2016 年中国加入《华盛顿协议》后，一方面我国工程教育抓住了新的机遇，实现了与国际接轨；另一方面，工程教育专业认证对人才培养提出的新要求加快了国内高校工程教育改革的速度。改革向来是内生动力和外部压力共同作用的结果，外部压力"倒逼"改革看似被动，其实正是内生矛盾的外在需要。2020 年 9 月 24 日，教育部举行了第四场教育金秋系列新闻发布会。会上，教育部基础教育司司长吕玉刚表示，教育部将利用强化评价导向作用、强化校内激励作用、强化学校文化引领作用、强化优质学校带动作用四方面增强学校办学内生动力。工程教育专业认证的内生动力对跨学科复合应用型人才培养提出了要求，通过评价强化导向作用，带动学校推进工科学生对政治、经济、文化、健康、环保等知识的了解。借助持续改进，使"质量"一词深入人心，将"以评促改、以评促建"变

---

① 章云，李丽娟，杨文斌，等. 新工科多专业融合培养模式的构建与实践[J]. 高等工程教育研究，2019，000(002)：50-56.

为学校常态，从而推进学校质量文化的建设。

(三) 工程教育专业认证的理念为跨学科复合应用型人才培养提供建设思路

工程教育专业认证三大核心理念为"以学生为中心、成果导向、持续改进"。对于复合型人才培养而言，需要从学生、培养目标、毕业要求、持续改进、课程体系、师资队伍及支持条件着手推进(见图3-5)。

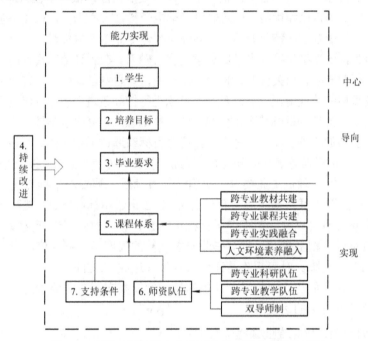

图3-5　基于工程教育专业认证的复合型人才培养过程

跨学科复合应用型人才培养"以学生为中心"，深入研究国家、社会、行业的需求以及学科发展内涵，通过开展科学合理的评估，结合学科、专业的特色和优势，以"培养目标、毕业要求"为导向，制订合理的培养目标，确定支撑培养目标所需达成的毕业要求；根据毕业要求构建"课程体系"并确定课程目标，通过建设能支持目标达成的"课程体系""师资队伍"与"支持条件"的质量监控和不断建设，有效保证"培养目标、毕业要求"达成；通过将"毕业要求"与学生学习成果进行对比分析，进行动态的评估和反馈，审视"培养目标、毕业要求"制订的合理性，不断进行"课程体系""师资队伍"以及"支持条件"的科学调整，不断进行持续改进，最终完成跨学科复合应用型人才培养质量的提升[①]。

---

① 沈洁, 周本卫. 国际工程教育学历互认背景下的专业建设探索[J]. 实验技术与管理, 2015(09): 207-210, 235.

(四) 基于工程教育专业认证理念的跨学科复合应用型人才培养路径

工程教育专业认证既引导了跨学科复合应用型人才培养，同时也提供了具体实施的途径。

1. 以学生为中心，不断完善培养目标和毕业要求

(1) 突出专业特色，明确培养目标。为了达到培养目标同社会需要的一致性，每个专业的培养目标应结合国家、社会、行业的需求以及学科发展内涵，根据学校人才培养总目标，结合学科、专业自身的特色和优势来确定。以桂林电子科技大学为例，该校是全国四所电子科技大学之一，电子信息学科特色鲜明，各学院在制订专业培养目标时，不仅要体现各学院及专业自身的特色，还需将学校的电子信息学科优势融入。在制订培养目标时，需要根据毕业生工作单位、行业专家、相关企业、教师、在校生、毕业生自我评价等方面来确定培养目标是否合理以及目标的达成情况，从而对培养目标进行持续改进。例如，该校环境工程专业和生物医学工程专业的培养目标将电子信息、电子技术融入，突出了学校办学特色优势，关注了学生复合型能力的培养。此外，每个专业培养目标都通过学校官网、学校招生网、学院网站、学校及学院宣传材料等媒介公开发布，以此来收集各方反馈意见，接受各利益方监督。

(2) 分解培养目标，确定毕业要求。明确培养目标后，需要对指标点进行合理分解，形成毕业要求。毕业要求须根据工程教育毕业要求 12 条通用标准制订，按照每条通用标准进行分解，每个指标点可以分解若干个子指标点，并有相应的课程进行支撑，每门课程均要对毕业要求有贡献，根据每门课程对毕业要求支持的强度确定权重值，以此形成课程计划与毕业要求的对应矩阵。对应矩阵是评价培养目标达成情况的主要依据，同样也是课程体系的构建依据。在开展达成评价时，课程的达成度需要支撑毕业要求的达成，毕业要求的达成需要支撑培养目标的达成[①]。

2. 以成果为导向，优化专业课程体系

跨学科复合应用型人才培养的核心和落脚点，必须打破专业教育间的壁垒，按照"宽专业、厚基础"的原则，调整优化课程体系。课程体系需要以市场需求和学生毕业要求为导向，结合学校、学院、专业的特色和优势，根据培养目标和毕业要求对课程体系以及各项教学活动进行反向设计，形成课程计划与毕业要求的对应矩阵，课程内容和教学各环节要符合工程专业认证通用标准和专业补充标准要求。每门课程同样需要以成果为导向，制订教学大纲，在课程目标的设置上强调回归工程实践的理念，强调学科交叉及综合素质的培养，重点培养解决复杂工程问题的能力。

---

① 孙桓五，张玲. 基于工程教育专业认证理念的地方高校工科专业建设实践[J]. 中国大学教学，2017，000(011): 39-42, 53.

3. 以持续改进为目标，优化师资队伍、完善教学质量监控

跨学科复合应用型人才培养工作对师资队伍的要求提升到了一个新的高度，需要具有良好的科研学术能力、跨学科视域与创新思维以及跨学科跨专业教师之间的合作。但是目前大多数高校由于观念、评价体系、教学科研管理的问题，使得教学和科研脱节，严重影响教学质量的提高并导致教师对跨学科、跨专业育人工作的忽视。持续改进的理念告诉我们，复合应用型人才培养的师资队伍就是要以学科为牵引，打破体制机制壁垒，通过开展跨专业项目共研、课程教学团队共建以及双导师制的方式，把学科和专业中密切相关的教师、学生、企业等关键要素协同起来，实现优势资源共享、科教融合、协同育人。为鼓励教师积极推进跨学科复合应用型人才培养建设工作，一方面，聘任一定比例的经验丰富的企业或行业专家作为企业导师(兼职教师)；另一方面，完善教师教学管理制度和激励机制，特别是对开展跨学科、跨专业的教学科研工作者给予额外的物质及精神奖励，促使他们不断提高教学、科研学术水平，以满足跨学科复合应用型人才培养的需要。

此外，基于培养目标达成情况以及问题发现和问题解决，需要进一步完善教学质量监控体系。以桂林电子科技大学为例，该校通过建立并实施"三严四控"教学质量保障体系，即通过教学体系严格、教学过程严格、考试考核严格，实现培养目标可控、资源条件可控、培养过程可控、培养质量可控四个反馈闭环，提高了教学信息反馈的准确性、及时性、客观性，并通过一系列激励约束机制，增强持续改进的有效性，进而保证教学质量的持续提升。

第五节　跨学科复合应用型人才培养的制度建设与管理保障

跨学科复合应用型人才培养是一项复杂的系统工程。目前，我国高校在观念制度、管理机制、队伍建设、政策支持与保障等诸多方面都受到了不同程度的制约，这将直接影响复合应用型人才培养的进程和最终质量。如何通过进一步深化人才培养模式，制订和完善相关管理机制，创设适合跨学科复合应用型人才培养的支持系统和组织管理保障机制，是亟须解决的问题。

本节主要从战略定位、机构建制(包括跨学科科研团队建设、跨专业教学团队建设、跨专业课程建设)、评价机制建设三个方面对跨学科复合应用型人才培养的制度建设与管理保障进行探讨。

一、纳入学校战略定位，贯穿人才培养全过程

当前，党中央、国务院高度重视交叉学科发展，高度重视跨学科复合应用型人才培养，学科交叉融合是当前科学技术发展的重大特征，是新学科产生的重要源泉，是培养创新型

人才的有效路径，是经济社会发展的内在需求。因此，高校跨学科复合应用型人才培养应将其跨学科、跨专业的理念贯穿在培养目标、毕业要求、课程体系、师资队伍建设、教学服务管理等方方面面。跨学科复合应用型人才培养与传统的单一型人才培养模式不同，它强调学生的全面发展及综合素质的提升，对学生综合知识体系的融合与构建以及综合能力的培养有极大的促进作用。2021 年 1 月 13 日，国务院学位委员会、教育部发布了《关于设置"交叉学科"门类、"集成电路科学与工程"和"国家安全学"一级学科的通知》[1]，这是教育部加大学科交叉和专业目录建设力度的一个重要信号，高校可以根据自身条件和资源通过整合不同学科专业知识，尝试性构建跨学科知识体系，创建跨学科专业。

　　长期以来，我国一直是以学科为基本单元的高等教育体系，为了重视复合应用型人才培养的地位，切实推进跨学科复合应用型人才培养的开展，自上而下的价值渗透应该是最行之有效的方式。因此，将跨学科复合应用型人才培养纳入学校战略定位，才能将其切实地重视起来。

二、跨学科复合应用型人才培养载体的建设

(一) 成立跨学科教学共同体的必要性

　　当前我国高校的科研与教学管理体制受制于院系、学科、专业的组织界限，跨学科对学院、教师的吸引力远远不足，很难得到进一步的发展，如何构建一个行之有效的跨学科系统机构一直困扰着高校跨学科的研究发展。

　　Diana Rhoten(2011)在研究 Huy 和 Mintzber 提出的"变化的三角形"理论时指出，阻碍向跨学科研究转变的最重要因素是居于三角形中部的"系统实施"的缺乏，也就是说，许多大学没能真正实施跨学科改革的根源在于缺乏旨在为积极支持跨学科研究而对原有学术组织结构进行重新设计的"系统实施"(见图 3-6)[2][3]。Diana Rhoten 的研究意味着，建立一个架构合理、机制健全、管理到位的大学跨学科教学共同体，是实施跨学科教育的组织领导保障，它促进高校不同院系、专业在人才培养方面的对话、合作与协同创新，是高校开展跨学科复合应用型人才培养的决定性环节。

---

[1] 中华人民共和国教育部. 国务院学位委员会、教育部关于设置"交叉学科"门类、"集成电路科学与工程"和"国家安全学"一级学科的通知(EB/OL). [2020-12-30]. http://www.moe.gov.cn/srcsite/A22/yjss_xwgl/xwgl_xwsy/202101/t20210113_509633.html

[2] RHOTEN D. Interdisciplinary research: Trend or transition[J]. Items & Issues, 2004(05):6-11.

[3] 张伟，赵玉麟. 大学跨学科研究系统建构及其对我国大学的启示[J]. 浙江大学学报(人文社会科学版), 2011, 41(6): 47-58.

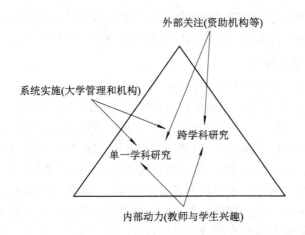

图 3-6　跨学科研究系统"变化的三角形"理论

(二) 美国高校跨学科教育组织形式分析

美国大学在跨学科组织形式上主要采取两种模型：一种是基于跨学科的矩阵式学术组织模型，另一种是基于跨学科的无边界学术组织模型。

基于跨学科的矩阵式学术组织模型是以大量的跨学科研究中心、研究所、研究课题、教学课程为纽带，使得研究人员跨院系、跨学科自由流动。在此模型结构中，高校院系被认为是纵向的垂直结构，跨学科研究中心、课题、课程等为截面结构，通过跨院系设立联合教师职位，建立跨院系、跨学科的长期聘用和晋升评价机制，灵活分配教学课程，提供跨学科导师团队等方式，鼓励跨学科教学团队产生大量跨学科课程，支持学生从事跨学科学习[①]。

基于跨学科的无边界学术组织模型摒弃了现有的学科组织模式，教师、研究人员及学生完全按照研究主题或实践问题组织起来进行教学、科研工作，这种组织模型具有高度的灵活性和流动性，旨在建立没有围墙的、完全学科整合式的学术组织结构，学生被鼓励获取更广泛的专业领域知识[②]。

(三) 美国高校跨学科教育战略对构建跨学科教学共同体的若干启示

借鉴美国高校的跨学科教育战略和组织变革活动的有益经验，结合"三维四层"的内

---

① 张炜，田茂利. 美国高等教育体系的跨学科变革趋势分析[J]. 杭州电子科技大学学报(社科版), 2011(01): 67-69.

② 同①。

涵及其对复合应用型人才培养模式困境的分析，我们从跨学科科研团队建设、跨专业教学团队建设、跨专业课程建设这三个方面探讨跨学科教学共同体的建设。

1. 跨学科科研团队建设

基于解决社会复杂问题的需要，我国高校可以根据自身情况并借鉴美国的矩阵式学术组织模型或无边界学术组织模型，以跨学科科研项目为载体，组建跨学科研究中心或跨学科科研团队，鼓励跨学院、跨学校、校企合作，参与对象不限于教师群体，还可以面向全校研究生、本科生，形成跨学科科研团队。在跨学科科研团队建设中，需要以下相应的支撑条件：

(1) 进一步深化资源共享制度。高校的科技资源是高校教学和科研工作的基础和载体，对服务行业、企业和经济社会发展具有重要的作用。随着信息科学技术的快速发展，学科发展呈现出交叉化和综合化的特点，各自独立的科技资源已经无法适应高校"大学科、大科技"的要求，高校应根据自身学校发展的定位，建立健全一套操作性强的规范制度，包括科学仪器设备的共享、公共服务平台的共享等，使得科技资源得到更充分的利用，从而使其更好地为复合型人才培养及经济社会发展服务[①]。

(2) 开放式建立学术交流空间或学术伙伴搜索平台。信息技术的发展及空间、时间的限制，使得人们的沟通交流方式由线下区域转为线上区域。为了给跨学科研究提供支持，更大限度地突破研究团队在时间和空间上的边界，学校除了建立一些固定的线下交流场所外，还需要开放式地建立学术交流空间或学术伙伴搜索平台，方便跨学科研究人员通过平台进行合作伙伴的搜索、组队，并进行线上的"非正式"交流[②]。

(3) 为跨学科教学共同体提供专项基金。学校应根据自身发展战略，通过科学的遴选与评估机制，为国家、社会、学校重点建设的或者亟须开展的跨学科研究项目设立专项基金，推动跨学科研究的启动、孵化和配套，对于具有前瞻性、前景看好的跨学科研究项目给予关注与支持，鼓励跨学科科研团体开展研究，以服务于学校、当地的社会发展。

(4) 为跨学科教学共同体建立校企、行业联系。《国家中长期教育改革和发展规划纲要(2010—2020)》明确指出，要建立健全政府主导、行业指导、企业参与的办学机制，制定促进校企合作办学的法规，推进校企合作制度化。这就明确了校企、行业联系的重要性，因此，政府、学校应引导、鼓励、扶持跨学科科研项目，特别是在项目开展的起步阶段，应给予相应的指导和协调。

2. 跨专业教学团队建设

实施跨学科、跨专业教育人才培养的先决条件是拥有具备跨学科素养的师资，因为跨

---

① 王晓兰, 钱诚. 地方高校科技资源共享机制研究[J]. 兰州教育学院学报, 2015, 000(007): 59-60.

② 陈婵. 高校跨学科研究管理体制探析[D]. 杭州: 浙江大学, 2015.

学科、跨专业教育重在提升学生知识结构的深度和广度，这就要求教师必须掌握广阔的知识面，才能对学生开展跨学科、跨专业的教学。在进行跨专业教学团队建设时，思路如下：

(1) 改革教师聘用制度，建立跨专业教学团队。美国高校实施跨学科人才培养时，大多采取联合聘任制和专职聘任制两种方式构建其跨学科师资队伍。联合聘任制指跨学科项目的负责院系从其他院系中引进教师，组成跨学科的师资队伍，这些教师不仅在原院系中承担相应的教学科研工作，还承担跨学科项目的教学和学生指导工作，形成了一种联合聘任模式；专职聘任制指聘任专职从事跨学科教育和跨学科研究的教师建成跨学科师资队伍[①]。我国高校可根据自身情况，选择一种聘用制度。一般来说，采用联合聘任制打破院系界限，让教师以项目方式参与到跨学科科研项目的工作中，使得这部分教师在多学科背景中不断成长，提高教师个人的跨学科知识储备和学科素养，有利于建立跨专业教学团队。

(2) 实行双导师制。双导师制是指企业导师和校内导师通过共同指导本科生完成毕业设计，使得学生在理论知识运用、个人职业规划、企业实践、论文写作等方面得到提升，实现知识复合与能力复合相融合。

(3) 重视团队文化建设。通过举行跨专业教学沙龙、教学工作坊、科教协同等多种交流与沟通形式打破学科和专业壁垒，促进跨专业教学团队发展共同语言，建立起团队内部的互相依赖感，增强团队的归属感与凝聚力，为跨专业教学团队的正常运行奠定良好的文化基础。

3. 跨专业课程建设

课程是本科人才培养的基本单元，跨学科复合应用型人才培养目标最终要通过跨专业课程来实施。地方工科院校可以通过以下措施打造跨专业课程：

(1) 以专业群建设为举措，打通课程教学资源。专业群就是由一个或多个办学实力强、就业率高的重点建设专业作为核心专业，若干个工程对象相同、技术领域相近或专业学科基础相近的相关专业组成的一个集合。专业群结合学校办学定位，以办学优势与特色为核心，处理学科发展前沿与产业链需求二者之间的关系，探索群内各专业的内在联系，以跨专业课程为依托，推进人才培养全程的协同育人，推动复合型、创新型人才培养。以桂林电子科技大学为例，依托该校电子信息特色，打破专业知识壁垒，为学生提供了电子信息专业群、智能制造专业群、网络与信息安全专业群、电子信息产品创意专业群、电子信息产业服务专业群等5大专业群，每个专业群至少涵盖3个学院的7个专业，构建基于专业群的课程体系。学生根据每个专业群建设方案，梳理课程知识逻辑，并根据自身需求自行选择课程，修满群内不同专业的课程学分后，学生可获得相关专业群的学习证书。

---

① 焦磊. 美国研究型大学培养跨学科研究生的动因、模式及路径研究[J]. 外国教育研究, 2017(03): 17-27.

(2) 以大类招生为依托，促进跨专业课程开发。大类招生是指高校将相同或相近学科门类，按一个大类招生，学生入校后，经过 1～2 年的基础培养，再根据兴趣和双向选择原则进行专业分流。大类招生以厚基础、宽口径为原则，突破单一学科式设置模式，是高校实行"通才教育"的一种改革。2001 年开始，北京大学实施了大类招生——"元培计划"，截至现在，几乎所有的 985、211 以及大多数地方高校都实行了大类招生。大类招生的高校要以此为依托，摸索出课程中隐藏的学科联结性，从课程内容和学科逻辑的角度出发，联结多学科知识交汇点，串联起以问题为导向的课程板块，以此重建学科知识结构，并根据社会经济及热点需要尝试开发具有前沿性的课程，真正实现复合应用型人才课程的培养。

(3) 以任课教师遴选为重点，强化跨专业师资建设。不论是专业群的课程，还是基于大类招生的跨专业课程，都要求任课教师不断进步，掌握广博的知识，尤其需要具有跨学科素养，才能更好地为学生提供个性化的教学方式和更充分的知识来源。以跨学科科研团队建设为基础，使教师通过参加跨学科科研项目储备跨学科知识和素养，在此基础上建立跨专业教学团队，根据专业群及大类专业课程的需要，从跨专业教学团队中遴选任课教师。

(4) 以课程教材共建为支撑，提升复合应用型人才培养导向作用。教材是教师教学和学生学习的信息载体，是教学内容的主要表现形式，是开展教学活动的基本依据和主要工具，教材建设在高校人才培养中的地位与作用十分重要[①]。教材质量在一定程度上反映编著者在学科专业的学术水平，通过开展跨学科、跨专业课程教材共建，一方面使得教材具有不同学科、专业的前沿知识、创新意识，促进不同学科和专业学术、教学的融合，激发师生教与学的积极性，有利于学生的综合知识的拓展，成为提高复合应用型人才培养质量的可靠保证；另一方面，进一步促进了跨学科科研团队、跨专业教学团队的不断深化融合和科研教学水平的不断提高。

三、跨学科复合应用型人才培养评价机制的建设

建立合理且相对灵活的跨学科复合应用型人才培养评价机制是提升跨学科复合应用型人才培养教育质量的关键。基于跨学科复合应用型人才培养多学科、多专业融合的特点，跨学科人才培养评价应超越传统专业教育评价模式，形成适合跨学科复合应用型人才培养特点的跨学科教育人才培养评价机制。跨学科复合应用型人才培养的培养者是跨学科教学共同体、高校院系、教师，消费者是学生、用人单位(社会)，跨学科教育人才培养质量需要这五方的互相监督、互相促进。因此，下面从以下五个方面对跨学科教育人才培养评价机制进行探讨。

---

① 王恬, 闫燕. 加强教材建设助力人才培养[J]. 中国大学教学, 2013(09): 92-95.

(一) 跨学科教学共同体

从跨学科教学共同体与院系的学术专业组织的关系架构来看，以问题为导向的跨学科教学共同体和基于学科、专业划分的院系组织有着明显的组织建制差异，不同学科、专业之间的"围墙"极大程度地影响了跨学科、跨专业研究的顺利开展。因此，学校需要在跨学科教学共同体的成立过程中，通过相关制度、激励措施等协调教学共同体与院系之间的关系，明确两个组织的权利与义务，促进两个机构互帮互助，培养、组建一支专业的跨学科教育评价专家组，协助学校做好跨学科教育相关评价工作。

(二) 高校院系

面对新时代对跨学科复合应用型人才培养的需求，高校院系要遵循教育规律，及时出台相关管理制度，为跨学科复合应用型人才培养提供有力支撑。一是学校应以政策制定、激励引导的方式，促进多院系在跨学科复合应用型人才培养目标的指导下，形成多种形式的交流合作与资源共享；二是将跨学科复合应用型人才培养纳入学校战略定位，出台合理的评价制度，每年全面、综合地对院系跨学科教学、科研成果进行考核；三是学校将跨学科教学、科研成果纳入院系工作量范畴，鼓励院系开展相关工作；四是学校在经费拨付、办公场所、设施设备、招生指标等资源分配上，对跨学科教学、科研成果表现突出的院系给予倾斜。

(三) 教师

教师是人才培养工作的中坚力量，高等院校要通过一系列政策鼓励，支持教师参与到复合应用型人才培养工作中来。一是推进联合聘任制或专职聘任制，打破院系归属壁垒，促使教师根据自身教学、科研兴趣，以项目方式参与到跨学科科研项目的工作中。二是通过物质和精神双重激励机制引导和鼓励教师开展跨学科复合应用型人才教育工作，并给予教师大量跨学科资源，除对其进行的跨学科教学、教研工作计算相应的工作量外，还予以额外奖励。例如，设置跨学科教育教师岗位津贴，发放跨学科复合应用型人才培养工作奖励性薪资。划拨复合应用型人才培养项目经费，高薪聘用具备跨学科教研资质的优秀教师，设立跨学科教学科研奖项等[①]。三是在职称评聘和成果认定方面，设计相关配套制度对跨学科教学、科研成果给予合理评价。对教师从事跨学科的教学与科研工作参照教学、科研评价标准给予同等甚至更多的倾斜，注重学术影响的评价，而不过多强调学术成果的数量。

---

① 丁佩琦. 普林斯顿大学跨学科人才培养项目研究[D]. 保定: 河北大学,2019.

(四) 学生

学生是学习的主体，在管理制度中要充分考虑如何激发学生的学习动力，充分发挥学生的学习主动性。一是学校根据办学定位建设灵活的跨学科、跨专业学分制，即根据学校跨学科复合应用型人才培养理念及未来社会需求，以学生的兴趣爱好为出发点，依托专业群、大类招生，打通通识选修课课程体系，制订合理且灵活的适合跨学科复合应用型人才培养的培养方案；二是实行双导师制度，为本科生提供更多学科的指导和更全面的评价；三是设计相关激励制度，鼓励优秀学生参与到跨学科科研项目中，如研究生推免制度、优秀奖学金评选制度、学分替代制度等；四是建立学生反馈机制，通过对跨学科、跨专业学生开展满意度调查，对跨学科教育质量、课程设置、学习环境、学生管理和学生服务等进行满意度评价，充分调动学生的积极性。

(五) 用人单位(社会)

用人单位(社会)是学校复合应用型人才培养的直接消费者，对学校的人才培养质量和水平有一定的发言权。在进行跨学科教育人才培养中，用人单位(社会)可以秉持工程教育专业认证的理念，做到：一是定期参与评价学校人才培养目标的合理性并根据评价结果协助修订高校人才培养目标、人才培养方案；二是建立用人单位参与的社会评价机制，对培养目标的达成情况进行定期分析；三是参与高校毕业设计(论文)的指导和考核过程。